CHINE – OCCIDENT
Le grand malentendu du XXIe siècle

Zheng Lu-nian - Daniel Haber

CHINE – OCCIDENT
Le grand malentendu du XXIe siècle

L'HARMATTAN

© L'Harmattan, 2010
5-7, rue de l'Ecole-Polytechnique, 75005 Paris

http://www.librairieharmattan.com
diffusion.harmattan@wanadoo.fr
harmattan1@wanadoo.fr

ISBN : 978-2-296-13607-6
EAN : 9782296136076

Sommaire

Avant-propos 7

1ère Partie D'où vient le grand malentendu ? 11

Chapitre I
Introduction – l'incident du Tibet et de la *flamme sacrée* *13*
1. Deux "sages" autour d'un vieux sujet 16
2. Que comprendre du nationalisme chinois ? 17
3. Le Tibet, un fantasme occidental 24

Chapitre II Deux rencontres et un mur d'incompréhension 31
1. Des contacts avant les rencontres 31
2. La première rencontre (XVIe-début XVIIIe) :
   l'amour et la haine 33
3. La deuxième rencontre (milieu XVIIIe à 1949) : la "douleur du géant" ou les soubresauts de la modernisation 39

Chapitre III La troisième rencontre (depuis 1978) 55
1. Le germe d'un malentendu 55
2. Un état des lieux de la troisième rencontre 59

2ème Partie Comment éviter le grand malentendu ? 121

1ère sous-partie : "La boîte noire" chinoise 123

Chapitre I Toujours au Milieu "*zhong*" 125
1. *Zhong* - le point cardinal qui domine 125
2. *Zhong* - un lieu éminemment fécond 125
3. *Zhong* et l'unification de la pensée 127
4. *Zhong* comme une identité 132
5. *Zhong* est un modèle social 134
6. *Zhong* et la face 138
7. Le paradoxe : *Zhong* mène aux extrêmes 143
8. *Zhong*, source de malentendus... évitables 146

Chapitre II En perpétuelle mutation "*yi*" 149
  1. Un *Yin* un *Yang*, c'est là *Dao!*............................ 149
  2. *Zhong* et *Yi* ne font qu'UN! 150
  3. *Daoli* vs Raison 153
  4. L'efficacité du concret et la "philosophie de l'eau" 156
  5. *Wuwei* - l'action dans la non-action 160
  6. L'intelligence de la ruse et la sagesse des détours 162
  7. Le *Yi* en pratique 164

Chapitre III Le cœur qui pense "*xin*" 167
  1. Le cœur : une clé-clé 167
  2. *Ganqing* - la "comptabilité des sentiments" 169
  3. Le sentiment comme outil de gouvernance 172
  4. Le sentiment comme stratégie de communication 174
  5. *Ren* - le couteau sur le cœur et la joie de vivre 175
  6. Le *Xin* en pratique 180

**2ème sous-partie :
Réussir la 3ème rencontre Chine-Occident** **183**

Chapitre I Apprenons l'un sur l'autre 185
  1. Attention aux stéréotypes 185
  2. *Apprendre* plutôt que *comprendre* 188
  3. Ce que l'Occident peut apprendre de la Chine 191

Chapitre II Les incertitudes nées de la crise de 2008 199
  1. La Chine touchée mais confiante 199
  2. Le modèle du capitalisme est-il à revoir ? 203
  3. La nouvelle donne géopolitique du monde 210
  4. A propos du « modèle chinois » 212

Chapitre III Pour un vrai dialogue entre civilisations 219

Avant-propos

Deux experts, un chinois et un français, réfléchissent ensemble au lendemain des J.O., réussis mais quelque peu ternis, durant les quelques mois qui les ont précédés, par les incidents du Tibet et du passage de la flamme olympique en Occident (mars à juin 2008).

Ces incidents ont été des révélateurs : L'Occident qui, apparemment, se réjouissait de l'émergence de la Chine, révèle des peurs cachées, fondées sur une méfiance tant historique qu'idéologique. La Chine qui croyait avoir fait tous les efforts pour intégrer la communauté internationale, découvre avec déception que l'Occident maintient son attitude arrogante et continue de se poser en « donneur de leçons ». L'idée selon laquelle l'émergence de la Chine, parachevant l'émergence de toute l'Asie, entraînait un rééquilibrage du monde et mettait fin à l'arrogance de l'Occident (forcé de constater que la civilisation asiatique était tout aussi capable d'efficacité que la civilisation occidentale) était une bonne nouvelle pour un XXIe siècle apaisé. Mais cette idée se révèle être une illusion.

L'inquiétude occidentale prend le pas sur l'émerveillement, et le nationalisme chinois cherche des voies pour s'exprimer (le Japon, puis la France et les USA, en font les frais).
La troisième rencontre Occident-Chine sera-t-elle donc, comme les deux premières, un choc de civilisations ?

La première rencontre eut lieu au XVIe siècle lorsque les Européens de la Renaissance, commerçants, navigateurs, Jésuites, militaires, vinrent successivement « apporter la civilisation » à une Chine sûre de sa puissance matérielle et culturelle. Cette rencontre, pourtant bien engagée (commerçants et Jésuites furent reçus en amis à la Cour Impériale) se termina par la fermeture de la Chine des Qing (1644-1911) dès le début du XVIIIe siècle.
La deuxième rencontre eut lieu au XIXe siècle : elle commença par le commerce et finit par la colonisation. Pendant

que le Japon acceptait (ou feignait d'accepter) la « leçon occidentale », la Chine résistait – sans en avoir les moyens techniques et militaires. Elle perdit les Guerres de l'Opium et se fit dépecer par les Occidentaux... et les Japonais soi-disant « occidentalisés ».

La troisième rencontre commença sous de meilleurs auspices : la Chine de Deng Xiaoping s'ouvrit au monde. Bien plus, elle en accepta les règles du jeu (l'économie de marché, la globalisation) et se montra excellent élève. Nous étions dans le « gagnant-gagnant » et la locomotive chinoise se trouva à point nommé pour prendre le relais de la croissance perdue des pays « mûrs ».

Le 14 mars 2008 (début des « incidents » au Tibet) mit fin à l'illusion : les peurs, les malentendus, se sont réveillés. Le choc n'est pas assuré mais la confiance ne sera pas restaurée sans un dialogue approfondi entre les deux grandes civilisations qui souhaitent être à l'avant-garde de la modernité.

Désormais inexorablement liés l'un à l'autre, l'Occident et la Chine, dans cette troisième rencontre, sont « condamnés » à partager un long parcours semé d'embûches, dont l'issue est plus qu'incertaine. Y sommes-nous prêts ?

Il y a 83 ans, André Malraux publiait son œuvre légendaire « *La tentation de l'Occident* » qui se présentait comme une correspondance entre deux jeunes hommes : le Français A.D. qui voyageait en Asie et le Chinois Ling en visite à travers l'Europe. Ce fut un plaidoyer pour l'harmonie asiatique, qui ne manque pas d'actualité.

Ce livre est la synthèse des discussions approfondies entre ZHENG Lu-nian, un Chinois, et Daniel Haber, un Français, dont les opinions sur de nombreux sujets divergent inévitablement. Il reprend le thème ancien de la relation Occident-Chine en lui apportant une actualité nécessaire. Les deux experts transculturels engagent, devant nous, une analyse sans concession. Leur espoir : apporter un peu de lumière sur un chemin encore obscur « en disant tout ».

Nous tenons à remercier sincèrement Tiffany Haber pour sa collaboration aussi laborieuse qu'efficace tout au long de la rédaction du livre ainsi que Christophe Yuechen Zheng qui a apporté sa précieuse contribution dans la mise au point du graphique « Puissance relative des civilisations ».

Première Partie
D'où vient le grand malentendu ?

Trois grandes rencontres ont marqué la relation des deux grandes civilisations, l'occidentale et la chinoise.

Elles ouvraient la voie au dialogue et à la coopération. A chaque fois, au XVIe siècle, au XIXe siècle, au début de ce XXIe siècle, les relations Chine-Occident ont été marquées par des "malentendus" qui sont au cœur de ce livre. En faire l'historique est un préalable nécessaire.

Chapitre I
Introduction :
l'incident du Tibet et de « la flamme sacrée »

Voici un poème publié le 28 avril 2008 par le *Washington Post* et attribué au professeur Duo-Liang Lin de l'Université de Buffalo, en réponse à un article du célèbre magazine anglais *The Economist*, article portant le titre évocateur de *Beyond the "genocide Olympics" (Au-delà des J.O. du génocide).*

A Poem For the West

When we were the Sick Man of Asia, We were called The Yellow peril.
When we are billed to be the next Superpower, we are called The Threat.
When we closed our doors, you smuggled drugs to open markets.
When we embrace Free Trade, You blame us for taking away your jobs.
When we were falling apart, You marched in your troops and wanted your fair share
When we tried to put the broken pieces back together again, Free Tibet you screamed, It was an Invasion!
When we tried Communism, you hated us for being Communist.
When we embrace Capitalism, you hate us for being Capitalist.
When we have a billion people, you said we were destroying the planet.
When we tried limiting our numbers, you said we abused human rights.
When we were poor, you thought we were dogs.
When we loan you cash, you blame us for your national debts.
When we build our industries, you call us Polluters.
When we sell you goods, you blame us for global warming.
When we buy oil, you call it exploitation and genocide.
When you go to war for oil, you call it liberation.
When we were lost in chaos and rampage, you demanded rules of law.

When we uphold law and order against violence, you call it violating human rights.
When we were silent, you said you wanted us to have free speech.
When we are silent no more, you say we are brainwashed xenophobics.
Why do you hate us so much, we asked. No, you answered, we don't hate you.
We don't hate you either. But, do you understand us? Of course we do, you said
We have AFP, CNN and BBC's...
What do you really want from us? Think hard first, then answer...
Because you only get so many chances.
Enough is Enough, Enough Hypocrisy for This One World.
We want One World, One Dream, and Peace on Earth.
This Big Blue Earth is Big Enough for all of Us.

Voici la traduction en français :

Un poème pour l'Occident

Quand nous étions "l'Homme malade de l'Asie", on nous surnommait le "Péril jaune".
Quand nous sommes désignés comme la prochaine Superpuissance, on nous qualifie de "menace".
Quand nous avons fermé nos portes, vous avez fait du trafic de drogue pour ouvrir nos marchés.
Quand nous adoptons le Libre Echange, vous nous accusez de voler vos emplois.
Quand notre empire s'est écroulé, vous avez envoyé vos troupes et demandé votre juste part.
Quand nous nous efforcions de recoller les pots cassés, vous avez crié « Tibet Libre ! Vous l'avez envahi ! »
Quand nous avons opté pour le communisme, vous nous avez haïs d'être communistes.
Quand nous embrassons le capitalisme, vous nous haïssez d'être capitalistes.

Quand nous avons dépassé le milliard d'habitants, vous avez déclaré que nous détruisions la planète.
Quand nous avons essayé de limiter la population, vous nous avez accusés d'enfreindre les Droits de l'Homme.
Quand nous étions pauvres, vous nous traitiez de chiens.
Quand nous vous prêtons de l'argent, vous nous rendez responsables de vos dettes nationales.
Quand nous construisons nos industries, vous nous appelez Pollueurs.
Quand nous vous vendons nos produits, vous nous accusez d'être responsables du réchauffement planétaire.
Quand nous achetons du pétrole, vous appelez cela de l'exploitation et du génocide.
Quand vous faites la guerre pour le pétrole, vous appelez cela la libération.
Quand nous étions plongés dans le chaos et la violence, vous en appeliez au règne de la loi.
Quand nous utilisons la loi et l'ordre contre la violence, vous appelez cela violation des Droits de l'homme.
Quand nous gardions le silence, vous nous incitiez à la liberté d'expression.
Quand nous brisons le silence, vous dites que nous sommes des xénophobes ayant subi un lavage de cerveau.
Pourquoi nous haïssez-vous tant ? demandons-nous. Non, répondez-vous, nous ne vous haïssons point.
Nous ne vous haïssons pas non plus. Mais, nous comprenez-vous ? Bien entendu, nous vous comprenons, dites-vous.
Nous avons l'AFP, CNN et la BBC...
Que voulez-vous vraiment de nous ? Pensez-y sérieusement avant de répondre...
Car vous n'avez pas beaucoup de choix pour vos réponses.
Trop c'est trop. Assez d'hypocrisie dans ce monde unifié.
Nous voulons Un seul monde, Un seul rêve, et la Paix sur Terre.
Cette Grande Terre Bleue est Assez Grande pour Nous tous !

1. Deux « sages » autour d'un vieux sujet

Nous nous étions promis depuis longtemps d'engager un dialogue sur le thème « Occident-Chine » et le moment est venu car les événements qui ont précédé les Jeux Olympiques de Beijing d'août 2008 ont remis au cœur des problèmes du monde ce sujet vieux d'au moins cinq siècles ! Beaucoup d'encre a coulé, mais nous n'avons pas encore trouvé de réponse satisfaisante.

C'est pourquoi une réflexion commune peut être intéressante, celle d'un Français, un Occidental, qui s'est intéressé à l'Asie, et notamment à la Chine, depuis plus de quarante ans et celle d'un Chinois biculturel qui a un regard à la fois intérieur et extérieur sur son pays.

A soixante ans, j'avais un entendement parfait, disait Confucius.

Alors, tous les deux, nous comprenons parfaitement les choses. Mais sommes-nous assez « sages » pour voir clair dans un problème aussi complexe : l'Occident et la Chine peuvent-ils un jour se comprendre ou simplement s'entendre, ou sont-ils voués à s'affronter et à s'opposer ?

Nous avons vécu un tournant, ou plutôt une heure de vérité, dans cette relation Occident-Chine. Il s'agit de l'attaque, par des manifestants, de la flamme olympique, lors de son passage à Paris, le 14 mai 2008. Cet incident, peut-être anecdotique, a permis de mesurer combien les malentendus entre les deux civilisations étaient nombreux et importants et combien les problèmes révélés profonds et épineux.

Sur une planète « plate », les peuples se fréquentent plus souvent et plus facilement. Ceci peut certainement apporter beaucoup d'opportunités d'inspiration mutuelle et de coopération fructueuse, mais risque en même temps de conduire à davantage d'incompréhension voire de conflits. La question « Occident-

Chine », après cinq cents ans de débats, reste donc entière. Où allons-nous ? Vers une entente, un dialogue, une coexistence ou vers un grand malentendu, un choc, un conflit, peut-être ouvert et violent ?

2. Que comprendre du nationalisme chinois ?

La réaction chinoise à l'attaque à la flamme olympique a été vive. Les Français ont été immédiatement qualifiés de *forces hostiles à la Chine*, alors qu'ils étaient, jusqu'alors, de grands amis du peuple chinois.

Pour beaucoup de Chinois, ce qui s'est passé à Londres, à Paris et ailleurs était un « chœur » antichinois prémédité et orchestré par ces forces hostiles, rejointes par les media occidentaux « malintentionnés » qui ont déchaîné une campagne de diabolisation de la Chine. Par exemple, le commentateur de CNN, Jack Cafferty, a traité les Chinois de bande de *goons & thugs* (imbéciles et brutes), ce qui a suscité la plus grande indignation des Chinois du monde entier. Les excuses présentées par CNN expliquant que Cafferty parlait du gouvernement et non du peuple n'ont pas été acceptées car dans l'esprit chinois, les deux sont indissociables.

Par ailleurs, des media allemands ont « retrouvé » une photo prise au Népal, il y a quelques années, d'un groupe de militaires qui s'apprêtaient à endosser des habits de moines tibétains pour le tournage d'un film. Ils l'ont utilisée en la transposant au Tibet, en 2008, montrant, disaient-ils, des images de soldats « se déguisant » afin de justifier la répression. Tout cela est malhonnête et révèle des *intentions inavouables* comme le dit la presse chinoise.

Cette fois-ci, les Chinois ont paru unis comme un seul homme derrière leur gouvernement pour condamner les hommes politiques et les media occidentaux. Des « jeunes en colère » (*fenqing*) sont montés au créneau et pendant un temps, une vague de patriotisme a déferlé sur Internet. Il suffisait d'exprimer son indignation contre les media occidentaux ou dire « oui » au boycott de Carrefour pour devenir instantanément un « patriote ». Ceux qui montraient la moindre hésitation étaient tout de suite assaillis de virulentes attaques personnelles et traités de *hanjian* (traître à la nation). Ainsi, même Jin Jing, l'épéiste handicapée, devenue héroïne nationale suite à l'attaque qu'elle avait subie à Paris lors du transfert de la torche olympique, a été du jour au lendemain taxée de *hanjian* pour s'être opposée au boycott de Carrefour, avec pourtant des arguments très patriotiques (« *les employés de Carrefour sont nos compatriotes et les marchandises vendues sont presque totalement chinoises* »).

Peu après, d'autres voix se sont élevées, celles de ceux qu'on appelle les *ziyoupai* - « les libéraux », ou les *zhishijingying* - « l'élite intellectuelle ». Eux, ils traitaient les jeunes en colère de *aiguozei* - « patriotes-traîtres ». Le débat a fait rage sur Internet et même dans la presse.

La presse du Nord, dans sa majorité, tel le *Global Times* dépendant de l'organe central du Parti, le *Quotidien du Peuple*, défendait la position officielle, patriotique, et critiquait fortement les media occidentaux ; celle du Sud, représentée par l'hebdomadaire *Nanfangzhoumo*, au plus fort de la déferlante patriotique et anti-occidentale, émettait une voix discordante, presque hétérodoxe, donnant même raison à certaines critiques venant de la presse occidentale. « *Si on veut devenir une grande puissance, il faut avoir la largesse d'esprit de faire face aux critiques des autres* ». « *Quand les produits "made in China" inondent les marchés des pays occidentaux et menacent leurs emplois, il est normal qu'ils expriment leur mécontentement, voire leur indignation* ».

Devant ce déchaînement de sentiments patriotiques, un phénomène particulier attira l'attention et beaucoup de gens se posèrent la question : pourquoi les Chinois de l'étranger (la diaspora) ont-ils manifesté un nationalisme aussi prononcé, sinon plus, que leurs compatriotes en Chine ? Vivant en Europe ou en Amérique, ils auraient dû mieux connaître les valeurs de l'Occident et son fonctionnement politique. Si les Chinois de Chine ne comprennent pas que le Maire de Paris n'a pas forcément la même position que le Président de la République, ceux qui vivent en France devraient quand même le savoir.

Pourtant, ils se sont montrés les plus révoltés contre les « actes barbares » survenus à Paris et la vague anti-chinoise suscitée par les media occidentaux. Les associations de clans de la diaspora chinoise (comme ceux de Chaozhou, Fujian, Wenzhou, etc.) ont publié des pages entières de « déclarations solennelles » exprimant leur indignation et protestation dans les journaux en chinois pro-Pékin comme le *Journal Europe* édité à Paris. Le 19 avril 2008, un grand nombre de Chinois de l'étranger, mobilisés à l'échelle planétaire, brandissant des drapeaux rouges à cinq étoiles (drapeau national de la République populaire de Chine), ont manifesté dans des grandes villes d'Europe, d'Amérique du Nord et d'Australie, en protestation contre la diabolisation de la Chine par les media occidentaux.

Quelle ne fut pas la surprise des Occidentaux qui, jadis, voyaient dans les Chinois une communauté travailleuse et paisible, ne se mêlant pas de politique ! Pourquoi, tout d'un coup, se sont-ils enflammés, affichant expressément leur zèle patriotique ?

En réalité, les Chinois de l'étranger ne font pas bloc. Ils sont constitués de deux catégories : ceux qui sont installés depuis longtemps, que l'on appelle « la diaspora » et ceux qui sont venus récemment, principalement des étudiants.

En ce qui concerne la diaspora qui vit en Occident depuis des décennies, la quasi-totalité est naturalisée par le pays d'accueil. Si ces gens ont manifesté un « patriotisme résiduel », c'est parce qu'ils ont traversé des péripéties dans le passé et profitent largement du redressement de la Chine d'aujourd'hui.

Les premières générations de la diaspora étaient des paysans pauvres ou ruinés qui fuyaient la Chine à cause de la famine et de la guerre. Une fois sur le sol étranger, d'abord en Asie du Sud-est, ensuite en Amérique et en Europe, ils étaient des *coolies*, des dockers. Pour survivre et réussir, combien d'humiliations et d'injustices ont-ils dû subir ! Ils ont été des boucs-émissaires tout désignés et ont fait l'objet de répressions et de massacres à répétition, notamment en Indonésie (en 1965, ensuite en 1998). En Amérique et en Europe, les *Chinamen* ont longtemps été considérés comme des exclus. En 1871, à Los Angeles, suite à la mort accidentelle d'un Blanc à Chinatown, vingt-deux Chinois, y compris des vieillards et des enfants, ont été pendus par une bande de Blancs. En 1880, à Denver, des dizaines de Blancs ont attaqué des Chinois que la police américaine a jetés en prison sous prétexte de les protéger. Dans les films hollywoodiens, les personnages chinois représentaient le plus souvent des membres de la mafia, des coolies ou des minables. Leur condition était si peu glorieuse que les Chinois de l'étranger n'osaient pas s'afficher et changeaient de nom (en Asie du Sud-est surtout). Certains interdisaient même à leurs enfants d'apprendre le chinois afin qu'ils oublient leurs racines et qu'ils souffrent moins de la discrimination ambiante.

Tout cela est révolu. Depuis 1978, la Chine s'est ouverte et a acquis, grâce à une croissance hors du commun, un statut de véritable puissance qui lui a permis de dialoguer avec l'Occident d'égal à égal. Ce changement a été particulièrement ressenti par les Chinois de l'étranger. Pour eux, les J.O. de Pékin ont été une fête grandiose et le symbole d'une nouvelle ère. Désormais, ils peuvent relever la tête et déclarer avec fierté : « Je suis chinois ». D'ailleurs, nombre d'entre eux sont dans le commerce d'import/export et le développement de la Chine leur offre d'excellentes opportunités d'affaires.

Alors, que comprendre du patriotisme des étudiants chinois à l'étranger ? Il y a vingt ans, sur la Place Tiananmen, ces jeunes protestaient contre le régime et réclamaient la démocratie. Deux décennies plus tard, ils défendent ce même régime. La jeunesse serait-elle donc versatile ?
En réalité, ce ne sont plus les mêmes jeunes. Parmi les étudiants chinois qui vivent actuellement en Occident, certains sont venus dans les années 80, une élite souvent sans beaucoup de ressources. Ils ont travaillé dur pour réussir et ont fait un gros effort pour s'intégrer à la société du pays d'accueil. La plupart d'entre eux ont acquis une bonne situation, qu'ils aient choisi de rester ou de retourner au pays. Ceux-là ont, pour la plupart, une

vue beaucoup plus rationnelle du conflit Occident-Chine. Quant à ceux qui sont venus après, ils présentent des cas très variés. Certains font partie de ce qu'on appelle « la deuxième génération des riches ». Ils sont venus pour « se dorer », c'est-à-dire pour décrocher un diplôme étranger quelconque et retourner en Chine occuper des postes en or ; d'autres sont venus pour s'amuser, voyager à l'étranger, tous frais payés par les parents. Ceux-là ne cherchent pas vraiment à s'intégrer à la société dans laquelle ils vivent. Ils s'intéressent peu à la vie politique et sociale locale, et restent très « chinois », ne sortant pas de leur cocon chinois, parlant chinois, mangeant chinois, pensant chinois. Ils communiquent peu avec les « étrangers » et deviennent donc très susceptibles, voire hypersensibles à toute manifestation anti-chinoise, même imaginaire. Le patriotisme qu'ils manifestent est souvent gratuit et facile.

A la différence des intellectuels chinois venus en Occident avant 1949, dans le but de trouver une « voie de salut » pour la patrie, les étudiants chinois qui sont arrivés après l'ouverture de 1978 ont des objectifs très pratiques et s'engagent, pour la plupart, dans des cursus qui rapportent, c'est-à-dire dans les matières scientifiques, commerciales ou managériales. Très peu s'intéressent vraiment aux sciences humaines et politiques, à la philosophie ou à l'histoire, ce qui les aiderait à acquérir une méthodologie scientifique et analytique, et surtout un esprit critique les amenant à mieux appréhender les différences entre les civilisations et les mentalités. D'ailleurs, l'éducation chinoise du patriotisme crée un amalgame de l'ensemble « pays – nation – Etat – Parti ». Ainsi, les critiques contre le gouvernement chinois ou le parti au pouvoir sont-elles interprétées comme des attaques contre la Chine et le peuple chinois. Ces étudiants pensent qu'il est de leur devoir de riposter aux *forces hostiles* au gouvernement, c'est-à-dire la patrie.

Cependant, ces étudiants chinois à l'étranger, dans leur ensemble, ont joué et joueront un rôle crucial dans l'ouverture et le développement de la Chine. En 1978, la Chine ne comptait que 860 étudiants à l'étranger. Trente ans plus tard, leur nombre est multiplié par plus de 167 pour atteindre, à la fin de 2007, un total de 1 211 700, dont 319 700 sont retournés au pays. Ces derniers sont appelés en chinois les *haigui* (ceux qui sont revenus d'outre-mer). Dans un premier temps, ils ont travaillé au sein de multinationales du monde entier qui s'installaient en Chine, mais depuis le début du nouveau siècle, notamment depuis l'éclatement de la crise financière de 2008, ils sont de plus en plus nombreux à être embauchés par les « Champions nationaux » chinois qui se déploient dans le monde.

Les entreprises qu'ils créent ou dirigent sont les piliers de la nouvelle économie chinoise. Depuis quelques années, on les voit de plus en plus occuper des postes à responsabilité, à différents échelons. Avec des entrepreneurs locaux et une classe moyenne grandissante, ils composent ce qu'on appelle « La Nouvelle Aile Droite », une force de plus en plus influente dans le paysage politique chinois.

On peut s'inquiéter du caractère irrationnel et excessif de cette vague de nationalisme chinois. Mais, pour ceux qui en connaissent les tenants et les aboutissants, c'est en réalité une réponse à l'arrogance occidentale, et l'expression d'une âme chinoise en quête de reconnaissance et d'acceptation. « *Nous avons déjà fait beaucoup d'efforts et de progrès, et ce, en très peu de temps, mais vous ne les voyez pas ou ne voulez pas les voir. Vous continuez à nous traiter comme avant, à nous juger de haut. Que voulez-vous de nous?* » Voilà leur message sous-jacent. Le poème *When we were*, cité tout au début, a justement exprimé haut et fort la voix chinoise contre le récent déluge de critiques qui s'est abattu sur la Chine. On y entend un cri, longtemps réprimé, contre l'injustice. Souvenons-nous que ce peuple, jadis fier au point de se croire la seule nation civilisée au centre de la planète, fut brutalement agressé, foulé au pied et humilié par des peuples, à ses yeux, barbares, et a dû avaler couleuvre sur couleuvre, décennie après décennie. Ces sentiments sont appelés à juste titre « les douleurs du géant ».

Cent cinquante ans ne sont qu'un clin d'œil dans l'histoire plusieurs fois millénaire de la Chine et la mémoire de ce passé, récent, reste très vivace chez les Chinois. Dans la seconde moitié du XIXe siècle, les Guerres de l'Opium, le Traité de Nankin et l'annexion de Hongkong, le sac du Palais d'Eté, la défaite face aux Japonais et le Traité de Maguan (Shimonoseki), l'invasion des Huit Puissances..., tous ces faits historiques qui n'ont peut-être plus d'importance pour les Occidentaux, n'ont absolument pas été oubliés en Chine. Dès l'enfance, chaque Chinois entend parler de ces humiliations subies par la nation chinoise. Les enseignants exhortent leurs élèves à bien travailler pour pouvoir un jour « laver la honte de cent ans ».

Mais l'expression ouverte de ce nationalisme est relativement récente. Elle est apparue après le massacre des Chinois d'Indonésie en 1998[1] et s'est accentuée avec le bombardement, en 1999, de l'Ambassade de Chine à Belgrade, en ex-Yougoslavie, par des avions américains. Ensuite, en 2005, la révision des manuels d'histoire au Japon a provoqué une vague anti-japonaise violente parmi les étudiants chinois, qui a failli dégénérer en une crise diplomatique. Mais la réaction la plus virulente a été celle liée à l'attaque de la flamme olympique et à la menace de certains dirigeants occidentaux de boycotter les J.O. de Pékin car là, l'Occident a touché au « rêve centenaire » de reconnaissance et de redressement de la Chine.

Pour les autorités chinoises, cette montée du nationalisme est une arme à double tranchant, car elles peuvent l'utiliser pour riposter à l'arrogance occidentale mais, en même temps, elles craignent un dérapage qui nuirait à l'image de la Chine à l'étranger et surtout à sa stratégie du *redressement pacifique.* C'est ainsi qu'au plus fort de la vague patriotique, le gouvernement a appelé à « aimer la patrie de façon rationnelle ».

---

1 En 1997, la crise économique dite du "Sud-Est asiatique" a durement frappé l'Indonésie, et la communauté chinoise des affaires, minoritaire mais puissante, a servi de "bouc-émissaire". Cela avait été pire en 1965, lorsque Suharto avait écarté Soekarno du pouvoir et déclenché un massacre de "communistes", c'est-à-dire de Chinois d'Indonésie.

3. Le Tibet, un fantasme occidental

Pourquoi le Tibet intéresse-t-il autant le public occidental ? se demandent les Chinois.

Pourquoi le gouvernement chinois veut-il peupler le Tibet de *Han*[1], une population plutôt marchande et irréligieuse, au risque de provoquer, comme le prétend le Dalaï Lama, un « génocide culturel » ? Telle est la question que posent les Occidentaux.

En prenant le train de Golmud, dans la Province du Qinghai, pour aller à Lhassa par ce chemin de fer qualifié de « route céleste », censé apporter le bonheur au peuple tibétain, vous pouvez contempler un Tibet en voie de colonisation par les *han*. Le gouvernement a très astucieusement mis en place un système de « concessions des Provinces riches » qui découpent le territoire tibétain selon un schéma que personne ne peut réfuter : celui du développement économique d'une région « arriérée ». Ainsi, la concession tibétaine du Zhejiang par exemple, une des riches Provinces de Chine, proche de Shanghai, se modernise grâce à d'importants investissements de cette Province. En contrepartie, les rues sont toutes baptisées d'après le nom de villes du Zhejiang : rue de Ningbo, rue de Wenzhou, etc.

Le peuplement par les *han* des régions frontalières à forte concentration de minorités ethniques est une politique qui remonte à la dynastie des Han (de 206 avant J.C. à 220 après J.C.) et poursuivie jusqu'à nos jours. Sous certaines dynasties, notamment les Tang (618-907), les Ming (1368-1644) et les Qing (1644-1911), les autorités centrales ont maintenu de bonnes relations avec la plupart des minorités, y compris les Tibétains.

Le Tibet faisait déjà partie du territoire chinois sous les Yuan (1279-1368), une dynastie chinoise fondée par le petit-fils de Gengis Khan. Sous les Qing, la dynastie des Mandchous, peuple très proche des Mongols et des Tibétains (les trois partageant la même religion du bouddhisme lamaïque), la relation entre le

---

1 Han désigne l'ethnie chinoise, soit 93% de la population chinoise. Les 7% restants sont composés de 55 "minorités"

pouvoir tibétain, à la fois temporel et religieux, et le gouvernement central de Pékin a été particulière étroite. Or, l'effondrement des Qing en 1911, l'instauration de la République, les guerres civiles et l'invasion japonaise ont créé au Tibet un vide politique dont les Britanniques ont largement profité pour élargir leur sphère d'influence, à partir de l'Inde, alors leur colonie principale. En 1903, l'armée anglaise forte de 3000 soldats et d'une artillerie lourde a envahi le Tibet pour y créer une zone-tampon. Pour les Chinois, cette période de relatif vide politique ne peut pas justifier l'indépendance du Tibet, et la prise du Tibet par l'armée communiste en 1951 (sans conflit militaire) ne peut être qualifiée d'invasion car il s'agissait de conquérir une partie du territoire, chinois au même titre que les autres régions du pays.

Il faut d'ailleurs replacer cette question dans le contexte historique et culturel de « la nation chinoise ». Depuis l'an –221 où le Premier Empereur Qinshihuang a unifié le pays, la Chine est restée un empire intégré pendant plus de deux mille ans, même s'il y a eu des époques, éphémères, d'éclatement. L'intégrité territoriale est donc devenue le principe suprême au nom duquel tous les gouvernants en Chine sont prêts à tout sacrifier. Cette notion est, dans la tête des Chinois, un repère, une identité, un argument de mobilisation générale. Et le Tibet en fait partie intégrante. Cela va plus loin que la notion de territoire. L'unité de la nation chinoise est sacrée et à ce titre, l'ingérence des étrangers est perçue comme d'autant plus intolérable. C'est dans ce contexte qu'il faut analyser la position intransigeante des autorités et les sentiments tranchés de la quasi-totalité des Chinois à l'encontre des indépendantistes du Xinjiang, du Tibet ou de Taïwan. Depuis les manifestations pro-tibétaines, à la veille des J.O., le gouvernement chinois a avancé un nouveau concept, celui des « intérêts vitaux » (littéralement « intérêts au noyau » : *hexinliyi*) de l'Etat, dont l'intégrité territoriale et la sauvegarde de la souveraineté sont au premier rang.

Pour tous les Chinois, ceux qui voient dans le Tibet une « terre sainte » piétinée par un régime totalitaire, une « religion pure » ignorée et méprisée par des immigrés d'une ethnie matérialiste et irréligieuse, sont victimes d'un fantasme occidental. Le régime théocratique du Dalaï Lama avant 1959 était fondé sur le servage, régime très éloigné de la démocratie, comme l'était l'Europe au Moyen-Age. Le gouvernement communiste a certainement commis des erreurs au Tibet. Mais il n'en a pas faites qu'au Tibet. Pendant les années de famine (1959-1961), par exemple, plus de trente millions de personnes ont péri dans les campagnes chinoises, hors du Tibet. Qui en Occident s'en est soucié ? L'attention particulière que portent les Occidentaux à la question du Tibet serait donc due principalement à deux raisons : premièrement, la religion ; deuxièmement, la présence d'un Dalaï Lama charismatique, qui est pour beaucoup dans ce fantasme occidental. Il a été élevé et formé par des Européens, parle bien l'anglais et sait parfaitement communiquer avec le public occidental. Tout ce qu'il dit, on y ajoute foi, alors que les dirigeants chinois, à côté de lui, font figure de piètres apprentis dans la communication avec l'étranger. Personne en Occident ne croit en leur propagande, même lorsqu'ils disent la vérité.

En réalité, pour les Chinois, le Dalaï Lama est plus un homme politique qu'un leader spirituel. Il est instrumentalisé par des *forces hostiles à la Chine*, dont il reçoit des fonds, pour empêcher la Chine d'émerger et de concurrencer les Etats-Unis. Vis-à-vis de la Chine, il alterne une condamnation sévère (comme l'accusation de génocide culturel) et une demande, apparemment modérée, d'autonomie. Pour les Chinois, la question est de savoir ce qu'il entend par « une plus grande autonomie ». S'il s'agit d'une mainmise sur ce qu'il appelle *Le Grand Tibet* (qui comprend toutes les régions à forte concentration de Tibétains, c'est-à-dire l'actuelle Région Autonome du Tibet, mais aussi des parties d'autres Provinces : le sud du Gansu, le sud-ouest du Qinghai, une partie de l'ouest du Sichuan et le nord-ouest du Yunnan), cela représente un territoire d'environ trois millions de km², soit un tiers du territoire chinois, dont le Dalaï Lama souhaiterait faire une zone démilitarisée[1]. Ce Grand Tibet n'a jamais existé dans l'histoire de la Chine. Il n'est donc pas surprenant que les autorités chinoises y voient un

---

[1] Voir le discours du Dalaï Lama au Congrès américain en 1987.

complot en vue de désintégrer la Chine et prennent une position intransigeante face à une revendication qui touche à son intérêt vital.

Quant à l'incident du 14 mars 2008, il aurait été soigneusement orchestré au préalable et suivi d'une marée médiatique contre la Chine. Sinon, comment expliquer le fait que des manifestations aient eu lieu, en même temps, à des endroits aussi éloignés que Lhassa et le Monastère Labrang, à Xiahe dans le sud du Gansu ? La grande erreur du gouvernement chinois a été de vouloir dissimuler et minimiser ces évènements au début, une réaction habituelle qu'il a tout de suite regrettée. Une leçon qu'il aura tirée quand, quatorze mois plus tard, les émeutes d'Urumqi (dans le Xinjiang) éclateront : la presse étrangère sera autorisée à se rendre sur place dès le lendemain des incidents.

En Europe, notamment en France, face à un conflit qui oppose un puissant et un faible (qu'il s'agisse d'une personne ou d'une nation), les gens ont tendance à défendre le faible et à lui donner raison, ce qui n'est pas toujours rationnel. Informé, partiellement sinon partialement, par les media, le grand public occidental s'intéresse à la question du Tibet à travers ce qu'il lit et entend, alors que la majorité ne connait pratiquement rien de l'histoire du Tibet et de ses relations avec la Chine, certains ne sachant même pas désigner le Tibet sur une carte géographique. Ceci est foncièrement opposé à l'esprit critique pourtant promu par la civilisation européenne.

Avec les incidents précédant les J.O. de Pékin, révélateurs du Grand Malentendu, la relation Occident-Chine, après une période de « lune de miel » qui durait depuis l'ouverture de la Chine, entre dorénavant dans une phase cruciale, où un faux pas, d'une partie comme de l'autre, pourrait conduire à une situation conflictuelle porteuse de conséquences désastreuses.

Rappelons-nous ce dicton chinois :
« *On ne voit pas le vrai visage du Mont Lushan parce qu'on est dedans* ».

Nous avons besoin de recul, de prendre une certaine hauteur historique pour voir plus clairement comment nous en sommes arrivés là et vers où nous nous dirigeons.

Regardons ensemble le graphique ci-après qui, sans prétention scientifique, illustre la relation entre l'Occident et la Chine sur une longue période.

L'évolution des deux courbes représentant respectivement l'Occident et la Chine montre que, dans l'histoire, deux rencontres décisives ont eu lieu entre les deux civilisations.

Aujourd'hui, nous abordons la troisième, mais de quelle manière ?

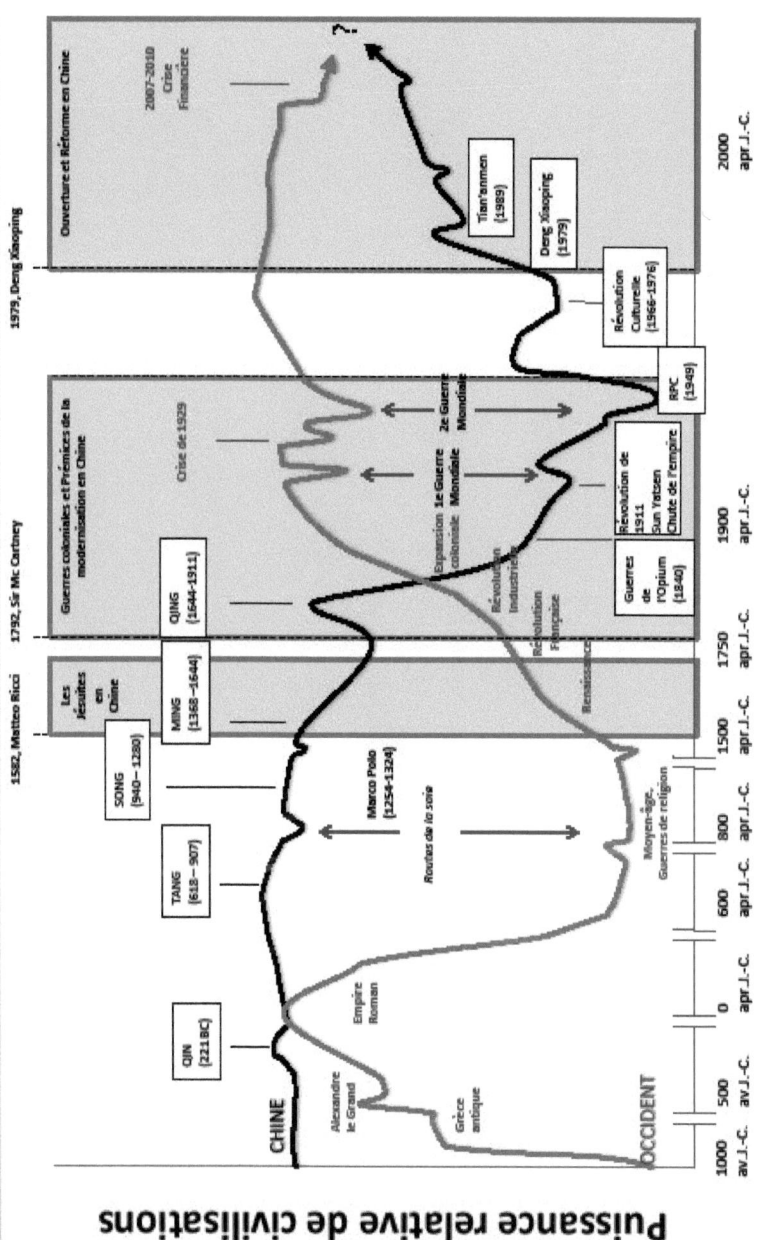

Chapitre II
Deux rencontres et un mur d'incompréhension

1. Des contacts avant les rencontres

La première rencontre se situe à l'époque de la Renaissance, symbolisée par la présence des Jésuites en Chine. Cependant, selon des documents historiques, sous les dynasties chinoises bien antérieures, celles des *Qin* (-221 à -207) et des *Han* (-206 à 220), il y avait déjà eu des contacts. Les Romains appréciaient beaucoup les soieries chinoises tandis que les Chinois avaient découvert, à l'Ouest, la vigne et la luzerne.

Au Ve siècle avant J.C., la Chine exportait déjà des soies à travers la Perse, vers les pays arabes, la Grèce et même Rome. Zhang Qian, sous le règne de l'Empereur Hanwu (140-88 av. J.C.), fut le premier émissaire chinois envoyé à *xiyu*, « pays de l'Ouest », aujourd'hui situé dans l'Ouest du Xinjiang. Ensuite, les émissaires se sont succédé pour partir plus loin, jusqu'en Afghanistan et en Iran. Enfin, sont venus en Chine des commerçants arabes qui furent, pour ainsi dire, les premiers étrangers à connaître la Chine et à étudier la société et le peuple chinois. A partir de 851, de nombreux ouvrages rédigés par des voyageurs, des historiens ou des commerçants arabes ont décrit avec admiration les mœurs et la vie en Chine, bien avant Marco Polo et les Jésuites.

A partir de la fin du VIIe siècle, la Route de la Soie a été, et ce pendant longtemps, contrôlée par les Arabes qui servaient de médiateurs entre l'Europe et la Chine, si bien que les Européens ont disparu du territoire chinois pendant cette période. Ainsi les relations entre la Chine et les pays arabes remontent très loin dans l'histoire. En Chine même, il existe aujourd'hui une importante population chinoise islamisée, notamment l'ethnie *hui,* qui représente 9,8 millions de personnes.

Sous la Dynastie des *Tang* (618 à 907), l'apogée de la civilisation chinoise, la Chine, ouverte et confiante en elle-même, a accueilli un grand nombre d'étrangers. La capitale Chang'an (aujourd'hui Xi'an) était une véritable métropole internationale qui comptait, en 743, deux millions de résidents dont dix mille familles étrangères : des Turcs, des Ouïgours, des Arabes, des Perses, des Indiens et bien d'autres peuples. Il y avait même beaucoup de métissage entre les Han et les Xianbei, c'est-à-dire des Barbares toungouses[1] dont la majorité a été assimilée par les Han. Li Bai, le plus grand poète chinois, est né dans une contrée qui appartient aujourd'hui au Kirghizistan. C'est justement ce métissage qui a produit l'une des plus belles cultures de toutes les époques : la musique, la danse, les arts plastiques et surtout la poésie des Tang restent un sommet de la civilisation chinoise. Quel Chinois, jeune ou vieux, ne connaît pas par cœur des poèmes de Li Bai, de Du Fu ou de Bai Ju-yi ?

Deux autres faits ont marqué cette période : l'arrivée d'une communauté juive à Kaifeng au début du XIIe siècle et le voyage de Marco Polo à la fin du XIIIe siècle. Son *Livre des Merveilles du Monde,* qui a dépeint, pour la première fois dans l'histoire occidentale, une Chine idyllique, a nourri l'imaginaire européen et inspiré certaines peintures de la Renaissance.

L'histoire a aussi retenu qu'entre 1405 et 1433, c'est-à-dire soixante-dix ans avant Christophe Colomb, l'Amiral Zheng He a effectué sept expéditions maritimes, abordant même les côtes africaines. Sa mission n'était pas de découvrir un nouveau monde, mais de faire rayonner la civilisation chinoise (la seule au monde selon la conception des Chinois de l'époque) et apporter les bienfaits de l'Empereur de Chine aux quatre coins du monde.

De tous ces contacts demeurent vivants, en Occident, l'usage de la porcelaine, la consommation du thé, de la soie... Néanmoins, limités dans le temps, l'espace et le nombre de personnes concernées, ces contacts ne peuvent pas être considérés comme de vraies « rencontres ». Pour la première véritable rencontre, il faudra attendre l'arrivée des Jésuites au XVIe siècle.

---

1 Les Toungouses sont des nomades d'Asie sibérienne.

2. La première rencontre (XVIe – début du XVIIIe) : L'amour et la haine

Le confucianisme, érigé en doctrine d'Etat dès l'aube du premier millénaire, a façonné un peuple profondément laïc. Tout le long de l'histoire chinoise, les religions ont été marginalisées. Les Empereurs et les Lettrés se sont toujours montrés perplexes, voire hostiles, devant une nouvelle religion. Tel a été le cas du Bouddhisme qui, face au confucianisme établi en orthodoxie, a mis presque six siècles avant de prospérer sous la Dynastie des Sui (581-618).

De même, quand les premiers Jésuites, arrivés en Chine en1582, commencèrent leurs activités d'évangélisation, ils se sont heurtés à la méfiance, voire à la résistance des mandarins et des lettrés. La conception chrétienne du monde, très éloignée de la vision chinoise, était perçue comme une menace pour l'autorité impériale.

Les Jésuites, très habiles, n'ont pas tardé à comprendre qu'il fallait prendre un chemin détourné en se présentant comme des sages, des savants, des philosophes et des moralistes, c'est-à-dire des « lettrés d'Occident », *xiru* en chinois. Cette méthode dite « inculturée » a conduit les Jésuites à s'intéresser à la civilisation chinoise et à l'étudier de façon approfondie. Non seulement ils ont appris la langue et la culture mais ils se sont également initiés aux coutumes locales. Ils tenaient des discours laïcs et donnaient des conférences philosophiques ainsi que des cours sur les sciences et les techniques, ce qui a attiré beaucoup de lettrés chinois à qui ces connaissances manquaient. Prenant une grande liberté par rapport au dogme catholique imposé par Rome, ils se sont appuyés sur les ressemblances entre la morale chinoise et le christianisme pour élaborer un concept synthétique unissant science, technologie, philosophie, éthique et religion. Pour nommer « dieu », des termes chinois ont été inventés : *shangdi* (l'Empereur d'en haut) ou *tianzhu* (Maître du Ciel) que l'on utilise toujours dans le monde sinophone.

Les Jésuites ont si bien réussi, qu'un demi-siècle après leur arrivée, on comptait déjà, rien que dans la région de l'embouchure du Yong-Tse (autour du Shanghai actuel), 80 000 habitants convertis au christianisme, soit un sixième de la population locale.

Ces succès des Jésuites sont surtout dus à leur illustre représentant, Matteo Ricci, connu en Chine sous son nom sinisé *Li Ma-dou*. Sa connaissance des sciences occidentales ainsi que son acceptation de la doctrine de Confucius lui ont permis de se faire accepter à la Cour Impériale et d'y exercer une influence notable, si bien qu'aujourd'hui encore, il jouit d'une grande notoriété en Chine. On trouve sa tombe, fleurie par des admirateurs chinois, dans la banlieue de Pékin.

Les Jésuites, grâce à la xylographie, ont produit un grand nombre de livres en langue chinoise pour diffuser les connaissances et les idées occidentales, notamment l'astronomie et la météorologie mais aussi les mathématiques et les arts. Ricci a même fait publier une édition en chinois de la mappemonde et des cartes géographiques de la Chine. Ces publications ont eu beaucoup d'influence sur les lettrés chinois.

Dans la bibliothèque que Ricci a créée à Pékin, il y avait plus de 7 000 livres européens. Un Jésuite a qualifié cette bibliothèque de *trait d'union* entre deux mondes qui s'ignoraient. « *A l'Extrême-Asie, elle a contribué à faire connaître l'humanisme de la Renaissance européenne ; à l'Occident, elle a indirectement révélé les richesses humaines de l'Extrême-Orient* » a dit l'académicien français Etiemble.

En appliquant cette « méthode Ricci », cette stratégie missionnaire, les Jésuites ont développé une véritable admiration pour la culture chinoise qui transparaît dans le grand nombre de lettres qu'ils ont écrites et diffusées en Europe dans la collection *Les lettres édifiantes et curieuses*. Leurs messages ont eu une énorme influence sur l'Europe qui s'ouvrit, pour la première fois dans l'histoire, à ce mystérieux empire oriental.

À propos de cette rencontre des deux grandes civilisations, il faut citer un personnage historique chinois, Xu Guang-qi (1562-1633), originaire de Shanghai, ami de plusieurs missionnaires italiens dont Matteo Ricci. Tout pétri de la doctrine confucianiste qu'il était, il fit preuve d'une grande curiosité intellectuelle et d'un esprit d'ouverture exceptionnel. Contrairement au grand nombre de lettrés chinois qui se moquaient de cette religion étrangère qu'était le christianisme ou bien la regardaient comme quelque chose d'exotique, il y réfléchissait sérieusement et a fini par s'y convertir. En même temps, il poursuivait, comme les autres lettrés, le chemin du mandarinat. Admis à l'Académie Impériale, il continua de fréquenter Ricci, alors à Pékin. Leurs discussions touchaient des domaines extrêmement variés : religion bien sûr, mais aussi astronomie, mathématiques, armement, économie, hydraulique, agriculture, etc. En collaboration avec Ricci, il a traduit une série de manuels de géométrie. Devenu ensuite Ministre des Rites, il a utilisé son pouvoir et son influence pour propager le christianisme ainsi que les sciences et technologies occidentales. Il a compris que la Chine avait besoin de ces connaissances et compétences et a fait appel à bon nombre de missionnaires étrangers pour servir l'Etat chinois.

Dans l'histoire chinoise, si ce Xu Guang-qi n'est pas considéré comme un *hanjian*, un traître à la nation, c'est qu'il était extrêmement habile, astucieux et pragmatique. Il possédait à fond la culture traditionnelle chinoise en même temps qu'il s'enrichissait de connaissances scientifiques et techniques occidentales. Il vivait en parfaite harmonie avec son environnement confucianiste et a brillamment réussi sa carrière jusqu'à parvenir au rang de ministre, tout en devenant un dévot chrétien. C'était un homme de conviction et de droiture. Face aux critiques des confucianistes et des bouddhistes envers les Jésuites, il n'a pas hésité à prendre leur défense en faisant valoir un argument intelligent selon lequel les connaissances des Jésuites étaient utiles à la patrie et au peuple chinois. Il eut une telle influence sur son époque qu'à sa mort, l'Empereur ordonna une pause pendant la réunion quotidienne à la Cour Impériale. Il est enterré à Shanghai, dans un endroit appelé, d'après son nom, Xujiahui, devenu par la suite le point de départ et la source de la culture moderne de cette mégapole orientale.

Matteo Ricci et Xu Guangqi représentaient leur propre culture mais chacun restait ouvert à l'autre. Ils incarnent une époque de dialogue et le long cheminement de la connaissance réciproque des deux civilisations.

Le destin de cette rencontre historique est indissolublement lié à un grand Empereur de la Dynastie des Qing, Kangxi (1654-1722).

L'Empereur Kangxi vivait à la même époque que le Roi-Soleil, Louis XIV, et son règne fut l'une des périodes les plus prospères de l'histoire de la Chine. Il se démarqua des autres souverains chinois par sa très grande ouverture d'esprit et par son soutien aux intellectuels. En 1692, il promulgua l'Edit de tolérance religieuse, qui autorisait la conversion des Chinois au christianisme et octroyait le droit de construire des églises et de prêcher publiquement. Non seulement reconnaissait-il la valeur des Jésuites européens mais aussi nomma-t-il l'Allemand Adam Schall (1591-1686), puis le Flamand Ferdinand Verbiest (1623-1688), à la tête du Bureau d'astronomie de la Cour Impériale. A leur contact, l'Empereur développa un vif intérêt pour l'astronomie, les mathématiques et la physique. Verbiest (connu en Chine sous le nom de Nan Huai-ren), désigné professeur privé de l'Empereur, a écrit de nombreuses lettres à ses confrères européens et même au Saint Siège, louant l'Empereur Kangxi pour son ouverture et sa générosité et demandant l'envoi d'autres missionnaires en Chine. En 1685, six « Mathématiciens du Roi » partirent de Brest avec des cadeaux personnels de Louis XIV (deux mètres quarante de verres pour lunettes, trois grandes pendules à secondes, un cadran équinoxial, des instruments pour déterminer le vide, une mappemonde de cuivre doré, une machine à éclipse…). Cinq d'entre eux arrivèrent à Pékin après trois ans de pérégrinations. Ils ont tous joué un rôle important dans la connaissance réciproque entre la Chine et l'Europe. En 1689, le Père Gerbillon (Zhang Cheng, 1654-1707) a même aidé le prince mandchou Suo Etu dans la négociation du Traité de Nertchinsk qui a fixé les frontières entre la Chine et la Russie tsariste. En 1693, le Père de Fontaney (Hong Ruo-han, 1643-1710) a guéri l'Empereur d'une crise de paludisme grâce au quinquina. Quant au Père Bouvet (Bai Jin, 1656-1730), il a appris le mandchou et a enseigné à l'Empereur la géométrie et l'arithmétique. En tant qu'envoyé spécial de Kangxi, chargé de la mission de recruter davantage de missionnaires français pour la Chine, il est revenu en France en 1697, avec quarante-neuf livres en chinois, cadeaux de l'Empereur de Chine pour Louis XIV. Grâce à lui, quinze autres Jésuites sont partis en Chine.

Les deux grands souverains, même s'ils ne se sont jamais rencontrés, ont inauguré la relation d'amitié et d'échange entre la France et la Chine. Mais cette belle époque n'a pas duré.

En fait, le conflit était inévitable. Si les lettrés chinois ont accepté les missionnaires en tant que savants enseignant les sciences, les technologies et la morale, ils n'ont pas tardé à percevoir leur véritable intention, celle d'évangéliser la Chine. Le Père Verbiest ne s'en cachait d'ailleurs pas et, dans l'une de ses lettres pour motiver l'envoi de jésuites en Chine, il utilisa cette formule célèbre : « *Sous le manteau étoilé de l'astronome, notre sainte religion s'introduit facilement* ». Surtout, la naissance et la multiplication de nombreuses associations religieuses ont éveillé les soupçons des lettrés chinois. La religion chrétienne, à leurs yeux, était en réalité incompatible avec la doctrine confucéenne et, par conséquent, menaçait la stabilité politique ou, pour emprunter un terme d'actualité, « la société harmonieuse ».

Tout a commencé en 1705, lors de la visite en Chine de l'envoyé spécial du Pape, l'évêque Tournon. L'Empereur Kangxi qui le reçut n'apprécia guère la prétention du Pape à exercer ses prérogatives sur les nouveaux chrétiens. Il annula les édits précédents en faveur des Jésuites et imposa à ces derniers la reconnaissance de son interprétation des rites comme condition indispensable de leur séjour en Chine. Même si la plupart des Jésuites l'ont acceptée pour pouvoir rester, leur vie devenait désormais plus difficile, placée sous le strict contrôle de la Cour impériale. En 1717, l'Empereur Kangxi interdit l'évangélisation en Chine.

Ses successeurs, les Empereurs Yongzheng et Qianlong se montrèrent plus sévères encore envers les Jésuites et la persécution se poursuivit.

Cette méfiance vis-à-vis des religieux étrangers est restée tellement vivace qu'en 1955, quand le gouvernement a arrêté et condamné l'évêque de la Paroisse de Shanghai, Gong Ping-mei, avec trois cents autres chrétiens, les accusant d'espionnage à la solde des impérialistes étrangers, il a fait le lien avec les missionnaires de l'époque.

Du côté européen, les choses n'allaient pas mieux. Presqu'à la même époque où les Chinois commençaient à soupçonner et renvoyer les missionnaires, la fameuse *Querelle des rites* a éclaté en Europe.

Pendant que les Jésuites jouaient un double jeu entre la Cour Impériale chinoise et le Saint-Siège à Rome, d'autres congrégations religieuses, comme les Franciscains et les Dominicains, les dénonçaient auprès du Pape. Leurs chefs d'accusation étaient multiples, centrés sur la fusion, et donc la confusion, des traditions confucéennes (par exemple le culte des ancêtres) et chrétiennes. Ils condamnaient surtout l'usage de *shangdi* ou de *tianzhu* pour nommer le Dieu chrétien et l'utilisation du riz à la place du pain pour la cérémonie de communion. Les Jésuites, pris ainsi entre le marteau et l'enclume, étaient voués à l'échec. Leur aventure remarquable s'arrêta en 1773, avec la dissolution de l'Ordre.

Mais leur échec est relatif. Cette première rencontre a fait naître en Europe un véritable engouement pour la Chine. Les penseurs européens, français en particulier, du *Siècle des Lumières* se nourrissaient de la civilisation chinoise pour promouvoir l'esprit de la libre pensée. Ils ont idéalisé le système chinois du Mandarinat, du concours national, en occultant le fait que la notion d'égalité était inexistante dans le confucianisme. Voltaire était un admirateur de Confucius et considérait la Chine comme « *la nation la plus sage et la mieux policée de l'univers* ». Dans son « *Histoire universelle* », l'histoire du monde commence par celle de la Chine. Il a même adapté un conte chinois en une pièce de théâtre, « *L'orphelin de la Chine* ».

En 1814, la première chaire de sinologie fut créée au Collège de France. De cette nouvelle science qui a gagné nombre de pays occidentaux, les Jésuites, dans un certain sens, n'étaient-ils pas les précurseurs ?

Cet engouement pour la Chine n'a pas touché qu'une élite mais aussi le peuple qui se passionnait pour les objets chinois, les meubles, le thé... Et cette passion subsiste encore en Europe.

Tout a basculé à partir de 1748, lorsque le Commodore Georges Anson a publié son *Voyage autour du monde*. Ce livre a donné une tout autre image de la Chine, rétrograde, superstitieuse et sale. D'autres reportages dans le même sens ont suivi et ont eu une grande influence dans les milieux des commerçants, des militaires et des diplomates. La perception, par les Européens, d'une Chine mythique et idyllique a changé; la sinophilie des uns n'a pas empêché que la sinophobie des autres ne l'emporte.

Pendant deux siècles, l'Europe et la Chine, tel un couple, se sont découvertes, se sont aimées, se sont haïes et enfin se sont quittées, comme dans une histoire d'amour qui finit mal.

Cependant, cette première rencontre n'a concerné qu'une élite chinoise et européenne. Les deux civilisations demeuraient toujours séparées par un épais mur d'indifférence et d'incompréhension, avec de profonds préjugés l'une envers l'autre.

3. La deuxième rencontre (du milieu du XVIIIe à 1949) : La "douleur du géant" ou les soubresauts de la modernisation

Comme le dit un dicton populaire chinois : *Le chemin pour les adversaires ou les amoureux séparés est si étroit qu'ils se retrouvent toujours nez à nez*. Une nouvelle rencontre eut lieu peu après et cette fois-ci, ce fut la guerre. Les Occidentaux utilisèrent la poudre à canon... inventée par les Chinois, pour tuer et piller.

Cette violente rencontre a, en fait, débuté bien avant la guerre de colonisation, avec le voyage en Chine de Sir McCartney en 1792. Voici comment il a décrit ce voyage : « *Nous entrâmes dans Pékin comme des mendiants. Nous y séjournâmes comme des prisonniers. Nous en sortîmes comme des voleurs* ».

Cette deuxième rencontre fut synonyme de conflits militaires à répétition. Elle est marquée par des défaites chinoises et la spoliation du pays, une période qualifiée en Chine comme « cent ans d'humiliation et de honte ». Enseignée dès le jardin d'enfants, cette page de l'histoire reste profondément ancrée dans la mémoire de chaque Chinois ; or, en Europe, elle est délibérément occultée.

A la veille de la visite de Monsieur Balladur, alors Premier Ministre de la France, en 1992, l'équipe dirigeante chinoise s'est rendue sur le site des ruines de Yuanmingyuan, l'ancien Palais d'Eté mis à sac en 1860 par les soldats de l'armée de coalition anglo-française. La signification était claire : souvenez-vous de vos brutales destructions. Dans ce contexte, que peuvent penser les Chinois, qui ont encore en mémoire les barbaries commises par les puissances occidentales il y a peu (150 ans est un clin d'œil pour eux), en entendant les leçons de morale que les hommes politiques et les champions des Droits de l'homme de l'Occident aiment tant leur donner ?

Un événement plus récent, la mise en vente à Paris, par Christie's, de deux têtes d'animaux en bronze, en février 2009, a failli tourner à l'incident diplomatique. C'est justement parce qu'il s'agissait de deux robinets d'une fontaine du Palais Yuanmingyuan, symbole de toutes les humiliations que la Chine a subies. Leur vente a été perçue en Chine comme une provocation qui a rouvert la plaie.

Examinons les faits qui ont marqué la deuxième rencontre. En cent ans (1840-1949), la Chine, l'empire céleste qui se croyait la seule civilisation sous le ciel, a été soudainement envahie, pillée, écartelée, humiliée par les nations *barbares* : l'Angleterre (1840-1842, 1856-1860), la France (1860, 1883-1885), le Japon (1894-1895,1931-1945) et les armées des huit puissances (l'Angleterre, la France, l'Allemagne, la Russie, les Etats-Unis, le Japon, l'Italie, l'Empire Austro-Hongrois, 1900). Au total, 1,87 million de Km^2 du territoire chinois (soit plus de trois fois la France) ont été occupés et 1 100 traités, la plupart « inégaux », signés avec « le couteau sous la gorge », selon une expression chinoise.

Cette rencontre, particulièrement violente, a laissé beaucoup de blessures dont les plaies sont loin d'être refermées. Un Occidental, s'il ne fréquente pas le monde chinois, ne saurait mesurer la profondeur ni la vivacité de ces « douleurs du géant ».

Ce qui peut surprendre, c'est que la Chine de l'époque n'était pas du tout « un vieil empire à bout de souffle » comme beaucoup le prétendent. Elle comptait pour 32 % de l'économie mondiale [1] !

Les défaites militaires subies par la Chine ne signifient pas qu'elle était économiquement ou même militairement inférieure. Au contraire, l'économie chinoise était la plus puissante par sa masse globale. Le commerce et l'industrie (métallurgie, porcelaine, textile, papeterie, etc.) prospéraient déjà sous les Ming (1368-1644). Ce qui coula le colossal vaisseau de l'Empire du Milieu est le caractère rétrograde du régime impérial qui, à partir du milieu de la dynastie des Ming, s'est figé dans ses schémas et est devenu de plus en plus inefficace et corrompu, perdant son dynamisme et faisant obstacle à toute tentative de réforme. Le système du *keju*, le concours mandarinal national, avait joué dans l'histoire un rôle révolutionnaire en permettant aux talents de tout le pays, même d'origine obscure, d'émerger et d'être sélectionnés comme fonctionnaires à tous les niveaux, jusqu'au Premier ministre. Or, avec l'usure du temps, ce système, de plus en plus corrompu, est devenu un carcan pour l'élite chinoise. Les matières scientifiques étaient ignorées et les sujets d'examens portaient invariablement sur les vieux préceptes confucéens. De dynastie en dynastie, de génération en génération, tous les lettrés du pays passaient leur vie à participer au concours. Un certain Huang Zhang du Guangdong, par exemple, a commencé à participer au concours triennal quand il avait 20 ans et a persévéré, jusqu'à sa dernière tentative, à l'âge de 99 ans. Beaucoup de villages à travers la Chine ont conservé fièrement, comme symbole de la gloire de leur région, le

---

[1] Et l'Inde pour environ 23%. Ensemble, Inde et Chine produisaient la moitié des richesses du monde. C'était en 1820, juste avant la colonisation des deux pays.

palmarès des lauréats aux concours, nommés par la suite à divers postes de fonctionnaires.

Pendant que les élites chinoises se creusaient la tête à disserter sur des sujets inutiles, l'Europe, sortie du Moyen Âge et guidée par l'esprit de la Raison et du Progrès, faisait montre d'une vitalité sans précédent. Devant le choc de cette Europe industrialisée et modernisée, la défaite chinoise était inévitable.

3.1. A partir de ce moment, l'histoire du Japon et de la Chine diverge

Le Pays du Soleil levant a compris les sources de la supériorité occidentale. Les Japonais ont jugé qu'elle était temporaire et, en bons judokas, ont accepté la domination et la leçon de l'Occident en attendant d'être, à leur tour, dans une position de force, ce qui arrivera en... 1985.

Quant à l'Empire du Milieu, sa plus grande erreur fut, au contraire, son aveuglement culturel et psychologique. Même battus et humiliés, les Chinois, de l'Empereur jusqu'aux gens du peuple, restèrent convaincus de la supériorité de leur culture. Il fallut attendre plusieurs dizaines d'années pour que des réflexions sérieuses sur la cause réelle du malheur soient menées par une élite.

L'arrivée des puissances occidentales, dévastatrice et humiliante certes, a apporté à la Chine des prémices de modernisation : construction d'hôpitaux et d'universités, introduction des PTT, du chemin de fer et d'autres installations modernes. Comme une maison, hermétiquement close depuis très longtemps, dans laquelle tout a moisi et pourri, qui voit soudain sa porte enfoncée par des bandits, entrés pour piller mais qui, en même temps, y font pénétrer l'air frais.

D'ailleurs, plus d'une porte a été forcée. En 1842, cinq villes portuaires ont été ouvertes aux Occidentaux : Guangzhou (Canton), Fuzhou, Xiamen (Amoy), Ningbo et Shanghai. Onze autres l'ont été après la seconde Guerre de l'Opium (1856-1860).

3.2. L'histoire des concessions étrangères a profondément marqué Shanghai

Shanghai est, sans aucun doute, le symbole international de cette intrusion occidentale. A l'époque, cette nouvelle ville qui surgit de nulle part était, aux yeux de tous les Chinois, comme une bizarrerie, un « monstre » enfanté par la nouvelle rencontre entre l'Occident et la Chine. Qu'est-ce que possédait Shanghai ? Rien ! Pas de paysages de montagnes ou de rivières pittoresques, ni de monuments historiques, pas de terres fertiles, ni de gisements abondants. Les seuls atouts dont elle disposait, c'était sa proximité avec la mer et sa situation au milieu de la côte maritime, à l'embouchure du Yangtsé. Cette ville était foncièrement en décalage avec le paysage culturel et la structure économique du pays. Cependant, une fois ouverte, la Chine allait grandement bénéficier de l'existence de cette ville « à part ».

Dès le départ, c'était déjà un véritable *melting pot*. Des Chinois de différentes régions, des étrangers du monde entier affluaient. La ville était surnommée « le paradis des aventuriers », et pour cause : des arrivistes, joueurs, voyous, triades, sectes, prostituées, tous les exclus sociaux se rassemblaient ici et s'aventuraient sur cette terre de toutes les possibilités. En même temps, cette mégapole hébergeait la crème de la société (savants, artistes, poètes, penseurs) et les révolutionnaires. Shanghai a été la première à profiter des fruits de la modernisation : université, hôpital, poste, automobile, tramway, eau courante, électricité, etc. Toutes les cultures se rencontraient et s'entremêlaient. Dans cette deuxième rencontre Occident-Chine, Shanghai fut la scène la plus animée, le lieu de confrontation des deux mondes, une création chimérique sino-occidentale.

Malgré leur aspect colonisateur, ces concessions, notamment la concession française, ont aussi montré à la Chine et aux Chinois l'exemple d'un modèle social et d'un système juridique tout nouveau dont ont pu bénéficier les dizaines de milliers d'habitants qui y vivaient dont les révolutionnaires communistes pourchassés par les nationalistes. Des Chinois y ont reçu une éducation moderne dans des écoles de style occidental. Des idées nouvelles ont été diffusées par des associations et des maisons de presse installées dans les concessions. Se sont aussi créées des entreprises commerciales, de type *joint-ventures,* qui ont largement favorisé la naissance d'une classe de capitalistes nationaux.

Cependant, cette *star* de l'Extrême-Orient se ternira après 1949 et ne brillera à nouveau qu'à partir du début des années 90.

3.3. Les soubresauts de la modernisation et le Mouvement *Yangwu*

D'autres villes, Tianjin, Xiamen, Guangzhou, sans parler de Hongkong, ont également connu des soubresauts de modernisation.

Devant les défaites militaires successives infligées par les puissances occidentales, les mandarins et les lettrés se sont divisés en deux camps : la plupart sont restés conservateurs, hostiles à toute réforme. Selon eux, « nul n'avait le droit de modifier les usages et les normes des Ancêtres ». D'autres, minoritaires, se sont montrés plus réalistes et lucides. Ils comprenaient que la défaite était due à la vétusté de l'armement et de l'industrie de la Chine face aux « bateaux solides et aux canons puissants » des barbares étrangers. D'où le célèbre Mouvement *Yangwu* qui signifie littéralement : « des affaires à l'occidentale », c'est-à-dire la modernisation de l'industrie et de l'armement chinois par l'introduction des technologies occidentales. Néanmoins, même ces esprits éclairés étaient également convaincus de la supériorité culturelle de l'Empire du Milieu. Leur slogan : « le savoir chinois comme fondement, le savoir occidental comme moyen ».

Le plus illustre représentant de ce mouvement fut incontestablement Li Hong-zhang[1]. Tout en étant un bureaucrate féodal fidèle aux traditions confucéennes, il a eu la clairvoyance de reconnaître la supériorité occidentale. Sa proposition d'introduire des matières scientifiques dans les sujets du concours national *keju* ayant été rejetée par la Cour Impériale, il a ouvert des écoles et a envoyé les premiers étudiants chinois à l'étranger pour « assimiler les techniques occidentales afin de rendre la Chine plus puissante »[2]. Ces étudiants ont, par la suite, joué un rôle très positif en introduisant les connaissances occidentales en Chine et inversement, en faisant mieux connaître la Chine aux Occidentaux. Sous l'impulsion de Li Hong-zhang, les trente dernières années du XIXe siècle ont vu l'industrie chinoise se développer très rapidement : armement, chemins de fer, réseaux de télégraphie, mines de charbon et de métaux, textile, bourse, banque... Il a même « occidentalisé » la Marine militaire chinoise.

Cependant, loin d'être reconnu comme héros national, Li Hong-zhang fut un personnage tragique de l'histoire moderne de la Chine. Il s'est heurté à l'opposition véhémente des conservateurs tout au long de sa vie, mais, surtout, il en est devenu le bouc émissaire. Après la défaite cuisante de la Marine du Nord en 1894, face à la flotte japonaise, il a été envoyé au Japon pour des pourparlers avec, comme seule consigne de la Cour Impériale, ce petit mot : « Tu traiteras selon les circonstances », autrement dit « à toi d'assumer toute responsabilité ». Au bout de plusieurs mois d'âpres négociations et de marchandages, il a dû signer le fameux Traité de Maguan (Shimonoseki), le plus humiliant des traités inégaux depuis la Guerre de l'Opium : la Chine cédait au Japon l'Ile de Taiwan et s'engageait à payer une indemnité de 230 millions d'onces de taël d'argent, soit trois fois le revenu national annuel de la Chine de l'époque ! Ensuite, après le mouvement des « Boxers »[3] et l'invasion de Pékin par les huit puissances (1900), Li Hong-

---

1 Li Hong-zhang (1823-1901)
2 Au même moment, c'est-à-dire vers 1870, le Japon procédait, sur une échelle plus grande, au même benchmarking international mais avec l'assentiment et le soutien de l'Empereur Meiji.
3 Une révolte anti-occidentale préparée au sein des "Clubs de Boxe"

zhang signa un traité encore plus humiliant, le Protocole de 1901, selon lequel la Chine devait rembourser 918 millions d'onces de taël d'argent (intérêt et principal) échelonnés sur 39 ans.

Toutes ces mésaventures ont placé Li au premier rang des « traîtres à la nation », maudit par le peuple tout entier, alors qu'il a énormément contribué à la modernisation du pays et que, tout en acceptant beaucoup de clauses humiliantes, il a fait son maximum pour éviter le pire : la perte de la souveraineté et le démembrement de la Chine par les puissances occidentales. Pour cela, il a subi tous les affronts et ce, jusqu'à l'heure de sa mort. En effet, le consul russe se rendit à son chevet pour l'obliger à signer un accord reconnaissant l'occupation de la Mandchourie par les Russes. Il fut ainsi cloué au pilori de l'histoire pendant tout un siècle, jusqu'à une date récente où un jugement plus objectif fut porté à son égard, reconnaissant son rôle exceptionnel dans le Mouvement *Yangwu* ainsi que ses contributions au pays dans des conditions presque impossibles.

Cependant, Li Hong-zhang, pas plus que les autres champions du Mouvement *Yangwu,* n'a mis le doigt sur les vraies causes du retard de la Chine ni trouvé le chemin du salut. Il fallut attendre la fin du XIXe siècle pour que des intellectuels libéraux, tels que Yan Fu[1] et Liang Qichao[2], introduisent la pensée d'Adam Smith et le darwinisme social qui rayonnaient en Occident. Des élites chinoises s'employaient donc à rechercher le « vrai remède » susceptible de sauver la Chine. Même la Cour Impériale était contrainte d'adopter des mesures de réforme. Vers la fin du règne des Mandchous (la Dynastie des Qing, 1644-1911), l'Empereur Guangxu a tenté de réformer le système contre la volonté de l'Impératrice douairière Cixi. Mais les fameux « Cent jours » ont fini par être réprimés dans un bain de sang : six

---

1 Yan Fu (1854-1921), penseur chinois célèbre, le tout premier à traduire les théories de Darwin, est réputé pour sa traduction de *Evolution et éthique* de Thomas Huxley, qui a eu un impact social considérable sur la propagation des sciences et l'éveil intellectuel en Chine.
2 Liang Qi-chao (1873 – 1929), un des principaux réformistes à la fin de la Dynastie des Qing.

meneurs furent décapités, d'autres s'exilèrent au Japon et l'Empereur fut confiné sur une île dans le Palais Impérial jusqu'à sa mort.

En revanche, l'Impératrice, au début farouchement opposée à toute réforme, a elle-même compris que le changement politique était indispensable à la pérennité du règne du clan Aisin Jueruo (famille mandchoue fondatrice de la Dynastie des Qing). Au début du XXe siècle, la monarchie constitutionnelle prenait déjà forme quand la dernière dynastie chinoise fut renversée par la Révolution de 1911 dirigée par Dr Sun Yat-sen, à la fois inspiré par la Révolution française et attiré par la voie russe (la Révolution de 1905).

A la suite de la Première Guerre Mondiale, durant la Conférence de la Paix de 1919 à Paris, les puissances occidentales ont programmé la cession aux Japonais des privilèges allemands dans le Shandong. A cette nouvelle, quelque 3000 étudiants, indignés, manifestèrent sur la Place Tiananmen, à Pékin. Ce fut le célèbre Mouvement du 4 mai (1919), qui gagna par la suite les milieux d'intellectuels et de commerçants de tout le pays. Profondément angoissés par l'état de délabrement du pays et impatients de trouver pour la Chine une voie de salut, des jeunes intellectuels progressistes chinois, représentés par Hu Shi[1] et Chen Du-xiu[2], dénoncèrent le poids des valeurs traditionnelles confucéennes qui, selon eux, étaient responsables du retard de la Chine. Certains prônèrent le rejet total du confucianisme en lançant le slogan: « A bas la boutique de la famille Confucius ! » Ils préconisèrent notamment le remplacement du chinois littéraire (*wenyan*) – véhicule des préceptes confucéens - par le chinois vernaculaire (*baihua*), en

---

1 Hu Shi (1891-1962), philosophe et écrivain chinois. Il a participé activement au Mouvement du 4 mai, notamment pour la promotion de la langue chinoise moderne. Il fut ambassadeur de la République de Chine aux Etats-Unis (1938-1941) et Président de l'Université de Beijing (1946-1948). A partir de 1958, il fut Président de l'Academica Sinica à Taiwan, où il mourut en 1962, à l'âge de 71 ans.
2 Chen Du-xiu (1879-1942), homme politique chinois qui a activement propagé le marxisme. Un des fondateurs du Parti communiste chinois (1921), il fut son premier secrétaire général. Devenu trotskiste, il en fut exclu en 1929.

tant que langue officielle et langue de l'enseignement. Les champions de ce mouvement de la Nouvelle Culture proposèrent d'inviter en Chine deux « Messieurs » issus de l'Occident : *Monsieur D* (Démocratie) et *Monsieur S* (Science), censés pouvoir sauver le pays du déclin. Cela a déclenché, par la suite, un grand débat entre les partisans de la modernité occidentale et ceux de la culture traditionnelle chinoise.

Ces débats, où bouillonnaient toutes les idées, furent interrompus par les guerres civiles et surtout par l'invasion japonaise (dès 1931). Avec la prise du pouvoir par les communistes et la fondation de la République Populaire de Chine en 1949, tous les biens et capitaux étrangers en Chine furent confisqués par l'Etat chinois et les *impérialistes* mis à la porte. La deuxième rencontre Occident-Chine, qui avait duré tout un siècle, s'arrêta net.

3.4. Le « vent d'Ouest » pénétrant la Chine - l'apport des protestants anglo-saxons

Si la première rencontre Occident-Chine fut marquée par la présence de Jésuites catholiques, cette deuxième a vu des missionnaires surtout protestants anglo-saxons jouer un éminent rôle dans le processus de modernisation de la Chine par la diffusion de connaissances mais aussi par leurs efforts remarquables visant à réformer la société chinoise. Leur contribution à la compréhension entre l'Occident et la Chine est indéniable même si, depuis longtemps, les activités des missionnaires sont interprétées en Chine comme faisant partie du « complot de l'invasion culturelle et spirituelle des impérialistes occidentaux ».

Vers la fin de la Dynastie des Qing, en Chine, régnait une méfiance vis-à-vis des étrangers. La loi interdisait à tout citoyen de leur enseigner la langue chinoise. Ce fut le premier obstacle rencontré par les missionnaires protestants.

Le courageux pionnier et premier pasteur envoyé en Chine par *The London Missionary Society* (fondée en 1795) fut l'Anglais Robert Morrison (Ma Li-xun, 1782-1834). Arrivé en Chine en 1807, il dirigea, en collaboration avec William Milne (Mi Lian, 1785-1822), la compilation du premier dictionnaire chinois-anglais, qui devint le *vade-mecum* de tout Occidental arrivant à cette époque. Il a aussi réalisé la traduction en chinois de la Bible et a créé le *Anglo-Chinese College* à Malacca. Pendant ses vingt-sept années passées en Chine, il a œuvré pour les échanges culturels entre l'Occident et la Chine dans des domaines aussi variés que l'éducation, la publication, la santé publique, etc.

La relève de Morrisson fut assurée par James Legge (Li Yage, 1815-1897). Il dirigea le *Anglo-Chinese College* transféré à Hongkong. Grâce à sa parfaite connaissance de la langue et de la culture chinoises, il travailla inlassablement à la traduction des classiques chinois, aidé par un Chinois nommé Wang Tao (1828-1897) qui, lui-même, devint un précurseur de la propagation de la pensée occidentale en Chine.

Le pasteur baptiste américain, Issachar Jacox Roberts (Luo Xiao-quan, 1802-1871), personnage légendaire, eut un lien particulier avec Hong Xiu-quan, leader de la Rébellion Taiping (1851-1864), l'insurrection paysanne la plus meurtrière de l'histoire de Chine[1]. Hong fut pris de délires à la suite d'échecs répétés aux examens impériaux et se déclara le « deuxième fils de Dieu ». Il se rendit chez Roberts afin d'apprendre la Bible. Mais, au lieu de devenir pasteur, Hong décida de rentrer dans son pays natal (le Guangxi) où il organisa, sous la bannière de *La Société des adorateurs de Dieu*, la Rébellion Taiping, s'autoproclamant « Roi Céleste ». Son armée, forte bientôt de 500 000 paysans insurgés, finit par conquérir, en 1853, la ville de Jiangning (Nankin) où il fonda *Taipingtianguo*, « Le Royaume Céleste de la Grande Paix ». Pendant un temps, les Occidentaux se bercèrent d'illusion, espérant une ère chrétienne en Chine. Toutefois, plusieurs missions d'observation furent envoyées à Nankin, et Roberts, profitant de sa relation spéciale avec Hong, s'y rendit lui-même. La conclusion qu'ils tirèrent de leurs nombreux contacts avec les dirigeants du Royaume fut

---

[1] Elle aurait fait plusieurs millions de morts.

décevante : la foi chrétienne des Taiping comportait bien trop de dérives. Par exemple, à la question « comment Dieu se manifeste-t-il à vous ? », un dirigeant des Taiping répondit : « *Dieu nous parle par mes lèvres dorées.* » Et les questions posées par les Taiping laissèrent tous les observateurs interloqués : « Quelle est la taille de Dieu ? », « Quelle est la couleur de la barbe de Dieu ? », « Dieu sait-il composer des poèmes ? » et ainsi de suite.

Qui plus est, les Occidentaux découvrirent que les Taiping rejetaient totalement la doctrine de la Sainte Trinité, mais défendaient la théorie selon laquelle seul Dieu le Père était Dieu et que Jésus-Christ n'était que le frère aîné de Hong.

Désillusionnés, les pays occidentaux décidèrent de soutenir la Cour Impériale des Qing au détriment de ce puissant pouvoir parallèle. Celui-ci fut finalement anéanti par les autorités chinoises qui firent appel à l'armée des mercenaires, nommée *Ever Victorious Army* et commandée par l'Américain Frederick Townsend Ward (1831-1862), puis par l'Anglais Charles Georges Gordon (1833-1885).

La création de la douane chinoise fut l'œuvre de deux mandarins de nationalité anglaise. Le premier, Horatio Nelson Lay (Li Tai-guo, 1833-1898), fut le Vice-Consul britannique à Shanghai, poste qu'il avait obtenu grâce à sa parfaite maîtrise de la langue chinoise. Il participa à la création du Bureau de la Douane maritime impériale et en devint le premier Inspecteur Général. A cet homme, compétent mais brutal, succéda en 1859, un autre Britannique, de 24 ans, Robert Hart (He De, 1835-1911), d'un tempérament doux et courtois, versé dans les grands classiques chinois, qui se lia d'amitié avec de nombreux fonctionnaires chinois et occidentaux. En 1895, son bureau qui comptait 700 employés occidentaux, principalement britanniques, et 3 500 chinois, perçut pour la Cour Impériale des redevances s'élevant à 27 millions de tael d'argent. Tout en ménageant les intérêts de son pays d'origine, Hart défendit néanmoins loyalement ceux de son employeur, la Cour Impériale des Qing. Il écrivit plusieurs articles pour déclarer clairement son opposition à l'idée de l'Empereur allemand Guillaume II de démembrer la Chine que ce dernier voyait comme un « Péril Jaune » menaçant l'Europe.

Le département des douanes, dirigé par Hart, travailla également à établir les cartes des côtes chinoises, à aménager les règlements portuaires et à améliorer l'équipement des ports et des voies d'eau côtières et intérieures. En 1896, son département créa le premier service postal moderne en Chine. De nombreux Occidentaux de son équipe deviendront par la suite des sinologues qui contribueront à la connaissance mutuelle des deux civilisations. Après 54 ans de carrière en Chine, Hart regagna son pays lorsque le gouvernement chinois décida, en 1908, de confier la direction des douanes à des fonctionnaires nationaux.

La Guerre de l'Opium permit d'ouvrir la porte de l'Empire du Milieu au « vent de l'Ouest ». Un grand nombre d'Occidentaux sont venus en Chine pour s'enrichir mais d'autres ont joué un rôle très positif dans la modernisation de la Chine et les échanges culturels.

Celui qui mérite une mention spéciale est certainement William Alexander Parsons Martin (Ding Wei-liang, 1827-1916), un missionnaire presbytérien américain. Interprète dans la négociation du Traité de Tianjin en 1858, il fut stupéfait de constater l'ignorance totale des mandarins chinois en matière de droit international et décida de traduire en chinois *Elements of International Law* de Henry Wheaton, ce qui fut d'un grand secours pour les fonctionnaires des Qing dans le règlement des conflits internationaux. Cela lui valut des attaques de nombreux Occidentaux qui l'accusèrent « d'avoir livré aux Chinois des secrets importants ». Par là, il gagna la confiance des leaders du Mouvement *Yangwu* et notamment celui du Prince Yi Xin qui le désigna, en 1869, Président de l'Ecole des Langues Etrangères de Tongwenguan et Professeur de Droit international. Il conseilla les fonctionnaires chinois dans leurs litiges avec les puissances étrangères, notamment au cours du conflit avec la France entre 1884 et 1885.

En 1898, fut fondée « l'Université Impériale de Pékin » (actuellement l'Université de Beijing) et W.A.P.Martin en fut nommé Président par l'Empereur. Au cours de la cérémonie pour la fondation de l'Université, une scène va marquer la mémoire des Chinois : cet Américain, devenu mandarin de second rang[1], s'inclina profondément, en présence de tous les invités chinois et étrangers, devant le portrait de Confucius, un geste hérétique pour beaucoup de Chrétiens de l'époque. Après avoir vécu 62 ans en Chine, il mourut à Pékin et y fut enterré avec sa femme.

Autre grande figure : l'Ecossais John Fryer (Fu Lan-ya, 1839-1928). Il consacra toute sa vie à la traduction de quelque 129 ouvrages scientifiques. On lui doit bon nombre de termes de chimie qu'utilisent les Chinois encore aujourd'hui.

L'Occidental le plus en vue à la veille de la prise du pouvoir par Mao, fut le journaliste australien William Henry Donald (Duan Na, 1875-1946). Arrivé à Shanghai en 1911, il se lia d'amitié avec Charlie Soong, père des légendaires « sœurs Soong »[2] et devint ensuite conseiller personnel de Sun Yat-sen. Il aida ce dernier à rédiger le « Manifeste du gouvernement républicain », premier programme politique de la République de Chine. En 1936, lorsque le général Zhang Xue-liang prit Chiang Kaï-shek en otage à Xi'an, Donald s'imposa en tant qu'intermédiaire et réussit à convaincre son ami, le général Zhang, et les communistes de libérer Chiang Kaï-shek, évitant ainsi un désastre national qui aurait profité aux Japonais.

Ces derniers haïssaient cet Australien qu'ils qualifiaient de « Mauvais esprit de la Chine » et mirent sa tête à prix. Il fut capturé à Manille où il passa trois ans dans un camp sous un faux nom, sans être reconnu par les Nippons. A la demande de Chiang Kaï-shek, le général McArthur envoya des parachutistes pour le libérer. Gravement malade, il insista pour revenir à Shanghai où il mourut, Soong Mei-ling (Mme Chiang) à son chevet, lui lisant

---

1 Le système de mandarinat des Qing distinguait les fonctionnaires en 9 rangs divisés en 18 niveaux. Un mandarin de second rang est donc très haut placé.
2 Les trois sœurs, l'aînée Soong Ai-ling, Soong Ching-ling et la cadette Soong Mei-ling, furent respectivement mariées au ministre des finances H.H.Kung, au Père fondateur de la République de Chine Dr Sun Yat-sen et à son successeur Chiang Kaï-shek.

la Bible. Il fut enterré dans le cimetière privé de la famille Soong.

Si l'on dresse un bilan de cette rencontre, on observe qu'elle a été marquée par des conflits militaires et l'humiliation de l'Empire du Milieu que le peuple chinois n'a toujours pas digérée. Cependant, cette période a été accompagnée des prémices de la modernisation dont profitera l'ouverture du pays dans les années 1980.

Dans l'ensemble, le mur d'incompréhension entre l'Occident et la Chine était resté intact. Et cette malheureuse rencontre fut suivie de trente années de rupture (1949-1978).

Cette dernière période, marquée par d'immenses souffrances endurées par le peuple chinois du fait des folies maoïstes, avait pourtant sa raison d'être : pendant cent ans, la Chine avait été brutalisée et martyrisée, tel « un morceau de viande que tous les chiens déchiraient et mordaient à leur guise ». Le moment était arrivé où elle ressentit le besoin de dire à l'Occident : « assez, laissez-nous tranquilles ! ».

Chapitre III La troisième rencontre entre l'Occident et la Chine (depuis 1978)

1. Le germe d'un malentendu

Au sortir de la Seconde Guerre mondiale, l'Occident, blessé, avait besoin de se reconstruire. Il a également pris le chemin de la décolonisation. L'Europe s'est alors concentrée sur son unification, tandis que l'Amérique trouvait un nouvel ami asiatique, le Japon.

La Chine de Mao, fermée au monde occidental, contemplait les désastres humanitaires entraînés par ses folies utopiques, tel « le Grand Bond en avant », et par les luttes intestines extrêmement dévastatrices avec, à son comble, la Révolution Culturelle. Il a donc fallu attendre la mort de Mao et le retour au pouvoir de Deng Xiao-ping pour voir débuter la troisième rencontre Occident-Chine, grâce à la politique dite d'ouverture et de réforme.

Cette rencontre a commencé sous les meilleurs auspices. L'Occident y voyait une double opportunité, celle d'«évangéliser» la Chine à la démocratie et aux valeurs occidentales et, également, celle, pour ses entreprises, de conquérir le marché chinois. Pourtant, elle comportait, dès son origine, le germe d'un malentendu fondamental.

L'ouverture de la Chine a suivi le même chemin que celui de la flotte anglaise lors des deux Guerres de l'Opium : pratiquant d'abord une brèche dans le Delta de la Rivière des Perles, dans le sud, évoluant ensuite vers le Delta du Yangtze pour atteindre le nord. Mais les hommes politiques et les chefs d'entreprises en Occident semblaient ignorer cet enseignement du Président Mao : « Que l'étranger serve la Chine ! », auquel Deng Xiao-ping était resté fidèle. Il n'ouvrait pas la Chine pour servir les intérêts de l'Occident. Communiste dans l'âme, Deng a eu l'intelligence de comprendre, surtout à travers la Révolution Culturelle pendant laquelle lui-même avait été persécuté, que la voie de Mao, celle des révolutions répétées, du recours à l'ardeur et à l'abnégation du « peuple héroïque », menait à l'auto-destruction. Pour sortir de l'impasse dans laquelle se trouvait la Chine et sauvegarder le pouvoir de son parti, en perte de crédibilité voire de légitimité, le développement était la seule voie de salut. Et pour cela, une politique d'ouverture et de réforme s'imposait.

Pour « attraper la souris », la Chine avait besoin d'un « chat », même s'il était de couleur capitaliste[1]. C'est ainsi que Deng a créé les Zones Economiques Spéciales pour accueillir les capitaux étrangers, et a ensuite appelé à instaurer une économie de marché... socialiste ! En fait, tout cela n'était qu'un moyen de sauver le pouvoir communiste conquis par sa génération au prix du sang. Ce fut l'unique motivation de Deng et cela, l'Occident ne l'a pas tout de suite compris. Cet aveuglement était lié à l'enthousiasme des entreprises occidentales pour « le plus grand marché du monde ». *Les capitalistes*, disait déjà Lénine, *nous vendront la corde avec laquelle nous les pendrons*. C'est, peut-être, ce qui est en train de se produire avec les délocalisations et les transferts de technologies.

Ainsi, dans l'euphorie générale, l'Occident n'a pas vu, ou n'a pas voulu voir, les aspects permanents de la politique de Deng. En même temps qu'il ouvrait la Chine, Deng a fait adopter par le Parti une « Résolution concernant certains problèmes historiques » qui, tirant le rideau sur la Révolution Culturelle, n'a pas désavoué pour autant la voie socialiste, encore moins le rôle dirigeant du parti communiste, ni même les apports de Mao, jugés positifs à 70% et négatifs à 30%, jugement adopté en dépit du désaccord de nombreux anciens compagnons d'armes de Mao, tombés en disgrâce et sauvagement persécutés par Mao pendant la Révolution culturelle.

---

1 "Qu'un chat soit blanc ou noir, peu importe pourvu qu'il attrape les souris" est l'aphorisme le plus connu attribué à Deng Xiao-ping.

Deng était lucide. En abandonnant la bannière de Mao, le Parti aurait perdu son auréole. Par ailleurs, Mao était mort, mais pas tous les maoïstes.

Il a fallu à Deng un courage extraordinaire pour repousser la forte résistance des néo-maoïstes représentés par Hua Guo-feng, le dauphin que Mao avait placé à la tête du Parti, du gouvernement et de l'armée, en lançant résolument la Chine dans la voie de l'ouverture et de la réforme. Ce faisant, Deng a veillé, dès le début, à ne pas mettre en cause la légitimité du régime communiste.

L'Occident a entendu son appel à l'ouverture et sa fameuse métaphore sur le chat noir et le chat blanc, mais pas sa thèse des « Quatre Persistances » avancée dès le mois de mars 1979, c'est-à-dire au moment même de son appel à la réforme, à savoir : persister dans la voie socialiste, persister dans « la dictature démocratique populaire », persister dans le rôle dirigeant du Parti communiste et persister dans le marxisme-léninisme et la pensée de Mao Ze-dong. Ainsi, Deng Xiao-ping, en tournant résolument à droite sur le plan économique, ne cessait de mettre son clignotant à gauche comme un signal de ralliement à l'adresse du Parti et du peuple tout entier. Ceci pour une double raison : d'abord, il s'agissait d'une tactique visant à parer les attaques provenant des « durs » au sein du Parti qui jouissaient toujours d'une légitimité idéologique et d'une certaine popularité; mais aussi de par sa position de vieux combattant communiste : il ne voulait pas que le Parti-Etat dont il était l'un des fondateurs ne « change de couleur » : *nous avons conquis chèrement le pouvoir, il est hors de question de le perdre.* Il a également déclaré sans ambigüité : « *La démocratie prônée par les sociétés capitalistes est celle de la bourgeoisie et, en réalité, celle du capital monopolistique, qui ne se résume en rien d'autre que les élections entre partis, la séparation des trois pouvoirs et le système des deux chambres. Quant à notre système, c'est celui de l'Assemblée populaire, celui de la démocratie populaire sous la direction du parti communiste. Nous ne ferons pas comme eux, en Occident.* »[1] Son idéal était de développer la Chine sans

---

[1] P. 240, Tome 3 de la 2ème édition des *Œuvres choisies de Deng Xiao-ping.*

dévier de la voie socialiste, quitte à se trouver en porte-à-faux sur le plan théorique. Face à l'interrogation au sein du Parti : « nous appelons-nous S(ocialistes) ou C(apitalistes) ? », la réponse de Deng fut sèche : « Cessons de polémiquer ! »

Peu d'analystes occidentaux ont compris cette réforme paradoxale. Ils ont pensé que l'ouverture économique, réelle, allait inéluctablement entraîner l'ouverture politique et la démocratie.

Sur ce point, Deng n'a jamais fléchi ni cédé. Par conséquent, les années 80 furent marquées, en Chine, par l'alternance entre le *Yin* et le *Yang*. Tantôt, un coup d'accélérateur pour « *émanciper notre pensée* » et « *de l'audace, toujours de l'audace* », tantôt un coup de frein pour « *éliminer la pollution spirituelle* » (1983) ou pour « *combattre la libéralisation bourgeoise* » (1987). Ce paradoxe a conduit Deng à se rallier, temporairement certes, aux opposants à la réforme, d'abord en 1987 pour limoger son premier dauphin, Hu Yao-bang (1915-1986) et ensuite, en 1989, pour réprimer le mouvement étudiant et évincer son deuxième dauphin, Zhao Zi-yang (1919-2005). Et, au lendemain du massacre de Tiananmen (juin 1989), il a, en toute urgence, mis à la tête du Parti-Etat, une personne jadis plutôt obscure, Jiang Ze-min, alors Secrétaire du Parti de Shanghai. Apparemment peu rassuré de son choix, il a désigné dans la foulée le dauphin du dauphin : Hu Jin-tao qui se trouvait au poste de commandement de la Région Autonome du Tibet. Elément notable qui n'a rien d'un hasard : les deux personnalités ont été choisies selon un même critère, leur fermeté face à la crise de 1989. Jiang n'avait pas hésité à passer sa main de fer sur le très libéral *World Economic Herald* à Shanghai, et Hu à réprimer les émeutes des monastères tibétains. Ces dirigeants, arrivés au pouvoir l'un après l'autre, ont également géré cette apparente contradiction, visant tous les deux le même objectif : trouver une nouvelle voie qui permettrait à la Chine de se développer sans ébranler le pouvoir absolu du parti unique. Par manque de fondement théorique et d'expérience historique, ils ont été obligés de pratiquer la stratégie de Deng : « *passer le fleuve en cherchant à tâtons les pierres du fond* ».

L'Occident pouvait-il comprendre tout cela ? De nombreux milieux politiques, économiques et médiatiques ont cru qu'il suffirait de mettre la pression sur la Chine pour qu'elle fléchisse et emprunte la voie souhaitée, c'est-à-dire celle de la démocratie. Avons-nous donc vécu trente ans de naïves illusions?

En quatre siècles, les deux grandes civilisations, l'Occident et la Chine, ont raté deux grandes rencontres. Elles vivent, en ce moment, la troisième. Elles n'ont pas le droit de la gâcher car il pourrait bien ne pas y en avoir de quatrième. Or, cette troisième rencontre a pris, dès le début, un chemin tortueux semé de malentendus. Avec les incidents survenus lors du transfert de la flamme olympique, il semble que nous entrions dans une phase de vérité, particulièrement difficile. Trente ans, ce n'est rien dans l'Histoire. Il serait chimérique de croire que l'on peut déjà faire tomber le mur d'incompréhension mutuelle et s'entendre sans heurts ni souffrances de part et d'autre. Cette nouvelle phase risque de perdurer si l'un et l'autre s'installent dans un schéma issu de l'expérience des deux premières rencontres ou se laissent guider par leurs intérêts unilatéraux. Il faut espérer que Chinois et Occidentaux aient suffisamment d'intelligence et de clairvoyance pour avancer, pas à pas, vers un rapprochement pacifique en se laissant le temps de s'apprivoiser mutuellement.

2. Un état des lieux de la troisième rencontre

La réussite de cette troisième rencontre dépend avant tout d'une vision réaliste de son contexte historique. Afin d'en prendre conscience, nous proposons de faire un état des lieux, aussi objectif que possible, des deux parties. Comme ce livre est destiné à un public occidental, nous détaillons davantage la présentation de l'état de la Chine.

2.1. La Chine fraye sa propre voie

2.1.1. Le véritable Grand bond en avant

La République Populaire de Chine, fondée il y a soixante-et-un ans, a connu des bouleversements exceptionnels. Entre l'époque de Mao et la Chine d'aujourd'hui, on croirait voir deux pays différents.

Quel est le plus grand changement que les Chinois aient connu depuis les trente dernières années ? Un Occidental ou un Chinois né après 1980 répondrait : « c'est le développement économique du pays ». Cependant, si la question s'adressait à un Chinois ayant vécu les deux époques, il vous dirait plutôt : « On ne vit plus dans la peur. »

Staline avait imposé en URSS une terreur dure en éliminant physiquement tous les contestataires ou tout simplement les suspects. Mao a été plus raffiné. Il a réussi à imposer non seulement une terreur dure (la campagne anti-droitiste et la Révolution culturelle par exemple) mais en même temps une *terreur douce*, la dictature du prolétariat installée dans la tête de tous, et particulièrement des intellectuels, astreints à vie à une *rééducation idéologique*. Ainsi vivaient-ils en permanence dans la peur, peur d'être catalogués comme « contre-révolutionnaires », peur de commettre des infractions à la discipline du Parti. A chaque instant, ils étaient hantés par le doute d'eux-mêmes, ce qui les poussait à faire constamment « la révolution au fond de l'âme » en chassant de leur tête les idées, même fugaces, qui n'étaient pas conformes aux enseignements de Mao. Cette terreur douce a « castré » toute une nation, tué l'âme d'un peuple, notamment celle des intellectuels censés être la conscience de la société. Une fois désillusionnés, les gens ont perdu tout repère moral. C'est là un dégât dont, de l'extérieur, on ne saurait mesurer la gravité.

Les Chinois qui ont connu la terreur maoïste ont tout lieu de se féliciter de ne plus avoir à vivre dans cette crainte permanente, même si la vraie liberté d'expression n'est pas encore au rendez-vous. Il faut un peu d'empathie à un Occidental pour comprendre ce sentiment de satisfaction qu'éprouvent les Chinois d'aujourd'hui.

Sur le plan économique, la Chine peut s'enorgueillir d'être passée directement du Moyen Âge au XXIe siècle. Le produit intérieur brut (PIB) la place désormais au deuxième rang mondial derrière les Etats-Unis mais devant le Japon. Le PIB de 1978 a été multiplié par 60, et le PIB par habitant, par 17.

Il y a vingt ans, pour un Chinois, posséder un logement spacieux ou une voiture particulière, tenait du rêve. Qui aurait pu s'imaginer que, quelques années plus tard, la Chine serait passée devant les Etats-Unis pour devenir le premier marché mondial d'automobiles ? N'est-ce pas là un véritable Grand bond en avant ?

Sous la bannière du « Enrichissez-vous », slogan phare de l'époque de Deng Xiao-ping, des centaines de millions de Chinois, dont le dynamisme avait été étouffé par un système rigide et stérile, ont fait preuve d'une ardeur sans précédent pour travailler, cette fois, non pas au nom d'une grande cause collective, mais pour leur propre compte.

Inévitablement, le fossé entre riches et pauvres s'est creusé. Selon les dernières statistiques, la différence entre les revenus des gens de la campagne et ceux des villes a atteint un chiffre record : ils sont 3,3 fois plus élevés dans les villes. Mais, comparé au passé, le niveau de vie de la majorité des gens, même dans les régions reculées, s'est de beaucoup amélioré. De 1981 à 2009, la population vivant sous le seuil de pauvreté est passée de 65% à 4%. En fait, la Chine n'a cessé de revoir ce seuil à la hausse : 300 yuans (30€) par habitant/an en 1990 mais 1067 yuans (106€) en 2009 (ce qui est encore inférieur au critère défini par la Banque mondiale : 1,25 USD par jour).

Il faut reconnaître que, comparé au système démocratique, le régime autoritaire chinois fait preuve d'une efficacité inégalée quand il s'agit d'opérer sur cet immense chantier du développement d'un pays hébergeant un quart de l'humanité. Le gouvernement chinois est « neutre » en ce sens qu'il est libéré des contraintes électorales et d'un processus décisionnel long et compliqué propre à tout système démocratique. Cela lui permet de penser aux intérêts globaux de la nation, de mettre à profit les talents du pays tout entier et d'élaborer des stratégies à long terme. Bien entendu, ce régime comporte en lui-même des limites importantes dont nous discuterons plus tard.

Ce qui peut impressionner tout étranger mis en contact direct avec la Chine d'aujourd'hui, c'est le niveau de modernisation de la société chinoise et l'ouverture d'esprit des gens, notamment des cadres. L'équipe dirigeante actuelle est entourée des meilleurs spécialistes dans tous les domaines. Ceux que l'on peut rencontrer, hommes politiques, hommes d'affaires, professeurs et étudiants d'université, ont pour la plupart une bonne connaissance de l'Occident, de son système politique, de sa culture, des actualités. Beaucoup d'entre eux, jeunes et dynamiques, ont une vision très large des choses. Cette élite chinoise change radicalement l'image que l'on avait des dirigeants communistes : vieux, fermés, rigides, pauvres en connaissances internationales, ne parlant aucune langue étrangère.

Un phénomène notable est que, ces dernières années, de plus en plus de *haigui* (ceux qui reviennent d'outre-mer), tous jeunes, qui ont étudié ou travaillé à l'étranger, commencent à occuper des postes importants en Chine même. Contrairement à l'époque de Mao où régnait une profonde méfiance envers les étrangers ou les Chinois venus d'outre-mer, le gouvernement chinois, à divers échelons, fait appel aux compétences du monde entier et les embauche même comme conseillers. Ce changement significatif aura un impact important sur l'avenir de la Chine et aussi sur sa relation avec l'Occident.

Comparée à l'époque où un chuchotement de mécontentement pouvait vous conduire en prison, la Chine d'aujourd'hui est une société infiniment plus ouverte, plus libre. Des opinions cacophoniques s'expriment en dehors comme au sein du Parti. Paradoxalement, un endroit où les idées, même les plus controversées, bouillonnent, est l'Ecole Centrale du Parti dont la vocation est la formation des cadres supérieurs.

En février 2007, dans une revue tenue par des vétérans du Parti (*Yanhuangchunqiu*), Xie Tao, un vieux communiste alors vice-président de l'Université du Peuple, a écrit un article critiquant ouvertement « la ligne révisionniste ultragauchiste » de Lénine, Staline et Mao Ze-dong. Il préconisait que le Parti communiste chinois abandonne cette ligne pour suivre le modèle social-démocratique de la Norvège ou de la Finlande. Ses idées sont assez représentatives d'une partie des vieux membres du Parti et son article a suscité de vifs débats. Depuis plusieurs années, un changement s'est opéré discrètement quant au qualificatif du Parti Communiste : au lieu du « noyau dirigeant du peuple chinois » donc inamovible, on parle désormais du « parti au pouvoir » dont la légitimité est liée au soutien du peuple.

Le fossé se creuse de plus en plus entre les riches et les pauvres, entre les régions côtières et l'intérieur du pays, entrainant la montée des tensions ethniques et sociales. Face à ces défis, la nouvelle politique de Hu Jin-tao consiste à « placer l'homme au centre » (*yirenweiben*) afin de construire une société harmonieuse (*hexieshehui*). Et cette politique est suivie de certains effets. Voici un exemple.

En mars 2003, un jeune homme nommé Sun Zhi-gang, diplômé d'université, a été contrôlé par la police dans une rue de Guangzhou[1]. Comme il n'avait pas son « permis de séjour temporaire » nécessaire à tout Chinois arrivé dans une ville où il n'a pas son *hukou* (registre de résidence permanente), il fut enfermé dans un centre de détention et battu à mort. Cette histoire a suscité une grande émotion en Chine et entrainé un grand débat. Elle eut de profondes répercussions. Trois docteurs en Droit ont adressé, à ce sujet, une lettre à l'Assemblée Populaire Nationale (le Parlement chinois), contestant la légitimité des centres urbains de détention et du système de rapatriement forcé des populations migrantes. Cette année-là, le gouvernement a décidé d'abolir ce système et a mis au point une série de codes et de règlements assez stricts quant au comportement de la police vis-à-vis des détenus. Depuis qu'il a

---

[1] Guangzhou : la ville de Canton, chef-lieu de la Province du Guangdong.

abandonné la doctrine de la lutte des classes, le Parti communiste a vu son image s'humaniser, une plus grande attention est désormais portée au petit peuple jusque là laissé au bord de la route, dont les fameux *mingong*, les ouvriers migrants, longtemps « citoyens de second ordre ».

D'autres progrès sociaux ont été réalisés. En 2004, la Constitution amendée comporte, pour la première fois de l'histoire de la République Populaire de Chine, une clause de *respect et protection des droits de l'homme.*

La nouvelle Loi du Travail et du Contrat, votée par l'Assemblée Populaire en 2007, définit les droits des travailleurs, même si cela risque de nuire à la compétitivité des entreprises chinoises exportatrices, bâtie sur le faible coût de la main d'œuvre et l'absence de droits sociaux.

L'opinion publique, de tous temps ignorée et méprisée en Chine, commence à avoir voix au chapitre, surtout grâce à Internet. Entre Shanghai et Hangzhou, un projet de construction d'une nouvelle ligne de train Maglev (suspension magnétique) a été abandonné à cause de l'opposition de la population. Plus récemment, la décision du gouvernement d'imposer, à partir du 1er juillet 2009, l'installation du logiciel de filtrage « Barrage Vert », censé protéger les enfants des obscénités sur Internet, a provoqué une vague de protestations. « *Certains bureaucrates se prennent pour Dieu le père, ils ont peur que les gens se servent de leur cerveau,* » a fustigé un internaute. Face à l'appel au boycott, le gouvernement a dû reporter *sine die* cette consigne. Que les pouvoirs publics se plient à une fronde populaire était inimaginable dans le passé.

Certes, la liberté d'expression est limitée en Chine, les media et Internet sont toujours censurés. Google a bien vu sa licence renouvelée en juillet 2010 mais a dû, pour cela, accepter des compromis. « Ne parlons pas des affaires de l'Etat et amusons-nous » (une phrase populaire de l'époque de Chiang Kaï-shek qui réprimait les opinions dissidentes), tel est le credo de la plupart des journaux et chaînes de télévision qui évitent les reportages négatifs ou critiques. Toutefois, quelques-uns osent quand même « jouer des balles de touche », c'est-à-dire être à la limite de ce qui est permis. *Nanfangzhoumo* (le Week-end du

Sud) en est un bel exemple. Fidèle à son principe *"veiller sur la vie du peuple, faire preuve d'amour, sauvegarder la justice et ne jamais trahir notre conscience"*, ce journal, au début local, est devenu, depuis sa création il y a 24 ans, le journal le plus populaire en Chine (son tirage dépasse 1,3 million d'exemplaires).

De tous ces progrès, combien d'Occidentaux sont-ils au courant ? Les media ne parlent que de la croissance économique chinoise mais très peu des progrès politiques et sociaux réalisés en Chine depuis trente ans.

2.1.2. Un bilan des « trente glorieuses » chinoises

L'année 2008 a marqué le trentième anniversaire de l'ouverture et de la réforme de la Chine. De ces « trente glorieuses » chinoises, il faut dresser un bilan réel, aussi objectif que possible. Cela est important pour les Chinois mais également pour le monde entier car il s'agit d'une expérience sans précédent dans l'histoire, menée dans le plus grand pays en voie de développement, par une population représentant un quart de l'humanité.

Il est vrai que les progrès réalisés peuvent être qualifiés de «véritable Grand bond en avant ». Mais, pour en arriver là, les Chinois ont payé le prix fort.

D'abord, un changement aussi radical n'a été possible que « grâce » à la Révolution Culturelle. Les choses ont été poussées à un tel extrême que le peuple a perdu confiance en son dirigeant « infaillible ». Non seulement le Parti Communiste voyait remise en cause sa légitimité conquise dans la guerre, mais la Chine risquait d'être *exclue en tant que membre de la planète*, comme l'a dit Mao. Voilà la genèse de la réforme de Deng.

Dans la propagande officielle chinoise, Deng Xiao-ping est glorifié comme « l'architecte général » de la réforme, comme s'il était un génie qui avait tout prévu, tout planifié. De même, le modèle chinois est vanté comme s'il existait dès le début. La réalité est tout autre. Ce qui a décidé Deng à entreprendre la réforme, c'est d'abord la volonté de sauver les meubles après le désastre de la Révolution Culturelle, afin de maintenir le Parti Communiste au pouvoir. Son voyage au Japon en 1978 l'a amené à constater le sérieux retard de la Chine et l'a renforcé dans sa détermination d'en finir avec les troubles politiques et de moderniser la Chine. Cependant, lui, pas plus que les autres dirigeants chinois, ne savait exactement ce qu'il fallait faire. Sa seule stratégie : les tâtonnements. Il n'a trouvé la Voie que plus tard. Dans ce cheminement, l'événement de Tiananmen, en 1989, a marqué une rupture.

Les trente années peuvent ainsi être divisées en deux périodes. La première s'étend de la Troisième Session du Onzième Congrès du Parti, tenu en 1978, jusqu'en 1989. Ce fut le renouveau d'un peuple qui, après avoir souffert de la rigueur hivernale, accueillait avec excitation la venue du printemps. A cet appel de Deng : *le socialisme n'est pas synonyme de pauvreté*, ont d'abord répondu les marginaux de la société qui n'avaient pas d'emploi fixe, ensuite des intellectuels et d'autres couches sociales (peu de cadres) qui ont abandonné leur « bol de riz en fer » (un travail à vie) et sont « allés à la mer » (expression populaire qui signifie se lancer dans les affaires). Ce fut une période de grands bouleversements auxquels ont participé des millions de gens ordinaires. Pendant ce temps, Deng a voulu porter le bistouri sur le système politique qu'il voyait comme le vrai obstacle à la réforme. Il en a parlé à plusieurs reprises, appelant par exemple à « séparer le Parti et le gouvernement », c'est-à-dire ne pas laisser le Parti monopoliser le gouvernement. A maintes reprises, il a insisté sur la nécessité d'abolir le système de fonction à vie des dirigeants du Parti et de l'Etat. Il est allé jusqu'à évoquer la possibilité de supprimer les Comités du Parti dans certaines institutions comme les Universités. Néanmoins, communiste dans l'âme, il s'opposait à la démocratie libérale et au système parlementaire de type occidental et n'avait pas l'intention d'opérer une véritable réforme du système politique. La preuve la plus manifeste a été sa réaction à l'égard du « Mur de la démocratie » apparu à la fin de 1978. Un jeune ouvrier du nom de Wei Jing-sheng y avait apposé une affiche à gros caractères (*dazibao*) appelant à « la cinquième modernisation : la démocratisation ». Deng a ordonné son arrestation et l'a condamné à quatorze ans d'emprisonnement. Par la suite, il est revenu sur sa promesse de ne plus jamais lancer de mouvement politique et a déclenché deux campagnes, la première contre la *pollution spirituelle* (1983) et la seconde contre la *libéralisation bourgeoise* (1987). Il n'a pas hésité à limoger, pour leurs tendances libérales, deux dauphins qu'il avait lui-même désignés, Hu Yao-bang et Zhao Zi-yang, et à réprimer, dans un bain de sang, le mouvement étudiant de 1989.

Après cette tragédie qui a bouleversé le monde, la Chine a vécu une glaciation politique qui risquait de perdurer et d'enterrer tous les acquis des dix années précédentes. A ce moment crucial, Deng le réformateur a, par un coup de maître, renversé la situation. Dans sa fameuse « tournée du sud » effectuée en 1992 dans la Province du Guangdong et, notamment, à Shenzhen, ville symbole de l'ouverture, il a réaffirmé la nécessité de continuer la réforme et a remis la Chine sur orbite, inaugurant, à partir de cette date, la deuxième phase des trente glorieuses chinoises.

Si la première période fut celle du décollage, la seconde est celle de la montée fulgurante. Le plus grand succès de Deng, c'est d'avoir enfin trouvé « la Voie » après plus de dix années de tâtonnements : au XIVe Congrès du Parti, tenu en 1992, le grand terme fut lâché : *l'économie de marché*, terme que personne, pendant la première période, n'avait osé employer, de peur d'être soupçonné de prendre la voie capitaliste. La bannière hissée, la Chine a ouvert encore plus grand sa porte pour accueillir des fonds étrangers colossaux et a entrepris une sérieuse réforme des entreprises d'Etat. Avec l'adhésion à l'OMC en 2001, la machine économique chinoise s'est mise à tourner à plein régime, si bien que la Chine, en terme de PIB en dollars, a dépassé la Grande Bretagne en 2006, l'Allemagne en 2007 et le Japon en 2010, passant à la deuxième place mondiale. Le rêve utopique de Mao Ze-dong, quand il lança le Grand Bond en avant en 1958, était devenu une réalité !

Devant cette envolée, le monde entier est resté stupéfait et émerveillé. On s'est posé la question : d'où venait cette capacité de développement ? Certains économistes soutiennent que le miracle est dû à l'ouverture du pays sur l'extérieur, qui a donné lieu aux délocalisations massives des entreprises occidentales et aux transferts de technologies vers la Chine. D'autres en attribuent le mérite à la politique interventionniste de l'Etat chinois.

En fait, cette deuxième période est caractérisée par l'effort conjugué des deux acteurs principaux : le gouvernement et le capital, à la différence de la première période à laquelle les masses populaires avaient pris une part active. Selon Zhang Jun, professeur de l'Université de Fudan (Shanghai), « les gouvernements provinciaux sont tous devenus des sociétés d'investissements ». Les relations entre Provinces aussi bien qu'entre Districts (l'échelon charnière de base dans l'administration chinoise), sont essentiellement marquées par une vive concurrence pour attirer les investissements, du jamais vu dans l'histoire de la Chine.

Les entreprises occidentales, accourues en Chine, ont profité de ce miracle économique, notamment grâce à la participation active du gouvernement à tous les échelons et aux mesures administratives qui leur sont largement favorables. De plus, à la suite du succès des cinq Zones Economiques Spéciales créées au début de l'ouverture, de nombreuses Zones Industrielles et Zones de Développement, aux infrastructures complètes et efficaces, ont été mises en place un peu partout et ont réussi à faire venir des capitaux du monde entier (aujourd'hui, plus de 60 milliards de US$ par an).

Ce miracle a cependant un prix.

D'une part, le gouvernement et le capital étant les deux principaux acteurs de cette seconde phase de développement, les masses populaires, protagonistes de la campagne *Enrichissez-vous* des années 80, sont tenues en spectateurs et se sentent spoliées. En raison de l'absence de droits sociaux, les travailleurs, ouvriers et paysans, ont été privés, face à l'Etat-capitaliste, du droit de négociation et de toute possibilité de marchandage dans la fixation des prix (la main-d'œuvre, la terre, le capital et les ressources naturelles non renouvelables). D'ailleurs, dans un système resté totalitaire, ces gens, les plus faibles et les plus démunis de la société, n'ont pas de canal pour s'exprimer. Ils sont comme enfermés dans une pièce sans porte ni fenêtre et ressentent une rancœur de plus en plus grande. Cela explique la multiplication des troubles sociaux, certains très violents : on recense chaque année des milliers de *jacqueries* paysannes, des centaines de manifestations dans les villes et quelque cent mille procès intentés contre les pouvoir publics.

D'autre part, l'alliance du Pouvoir et de l'Argent a enfanté un monstre, la corruption institutionnalisée. D'où la réalité de la Chine : un Etat riche avec un peuple pauvre. Nous nous exprimerons plus loin sur ce problème de fond qui risque de miner le développement de la Chine.

Hu Jin-tao s'est rendu compte de la gravité des tensions sociales, sous-produit du miracle économique chinois. Pour apaiser le mécontentement du peuple face à cette corruption généralisée, à l'insuffisance voire l'absence de protection sociale, à la cherté des soins médicaux et de l'éducation des enfants, le gouvernement a pris des mesures telles que le renforcement du dispositif pour la lutte contre la corruption, l'adoption de la loi du droit du travail, le plan de réforme du secteur de santé publique, etc. Certaines de ces mesures ont été suivies d'effets. Récemment, un « Groupe chargé de préserver la stabilité » a été créé au sein du Comité central du Parti, dirigé par Xi Jin-ping, pressenti pour succéder à Hu Jin-tao en 2012. Première mesure importante : les milliers de cadres provinciaux doivent participer, tour à tour, à un stage de formation de plusieurs mois à Pékin, dans la prestigieuse Ecole supérieure du Parti, pour apprendre comment préserver la stabilité, c'est-à-dire à parer, dans les meilleurs délais et les meilleures conditions, aux éventualités d'« incidents subits », à calmer les troubles sociaux en tous genres, une compétence que les dirigeants communistes, censés représenter le peuple, n'avaient jamais pensé devoir acquérir.

Mais, pas plus que Deng Xiao-ping ou Jiang Ze-min, Hu Jintao ne peut scier la branche sur laquelle il est assis. La réforme profonde du système politique reste au point mort tandis que des voix s'élèvent au sein du Parti et dans la population pour déclarer, en reprenant le jargon des médecins chinois : « *s'attaquer aux symptômes et non à la racine du mal ne guérit pas la maladie* ».

2.1.3. Les J.O., le rêve centenaire d'une nation

Les J.O. de Beijing sont derrière nous et les Chinois du monde entier ont tout lieu d'être fiers de leur bon déroulement et surtout des performances sportives de leurs athlètes. A travers cet événement, les Occidentaux ont compris qu'il ne s'agissait pas d'une simple rencontre sportive. En Chine, on a parlé d'un *rêve centenaire* enfin réalisé. Il y a précisément cent ans, en 1908, au lendemain des J.O. de Londres, un journal de Tianjin posait ces trois questions : la première, « quand la Chine enverra-t-elle un athlète aux J.O. ? » ; la seconde, « quand la Chine enverra-t-elle une délégation aux J.O. ? » ; et la dernière, « quand la Chine accueillera-t-elle les J.O. chez elle? ». Vingt-quatre ans plus tard, en 1932, la première question obtenait sa réponse : la Chine envoyait enfin son premier athlète, Liu Chang-chun, aux J.O. de Los Angeles. Quatre ans après, à Berlin, on a pu voir la première délégation chinoise, constituée de 140 sportifs. Mais pour réaliser son vœu d'accueillir les J.O chez elle, la Chine a dû attendre cent années entières. Quel parcours !

Les Chinois se rappellent, non sans amertume, qu'en 1936, la délégation chinoise rentra bredouille de Berlin. Sur le chemin du retour, à Singapour, un journal local a publié une caricature intitulée « *The Sick Man of the Orient* » (L'homme malade de l'Orient) montrant des Chinois à l'air maladif sous le sigle des cinq anneaux, portant un énorme œuf (zéro). Depuis, laver cette honte et se débarrasser de l'étiquette déshonorante de *Sick Man of the Orient* a été le rêve de tout Chinois, et est même devenu une affaire d'Etat. Aujourd'hui, cet ancien *Homme malade* est devenu un géant sportif, devançant même les USA en nombre de médailles d'or. Le rêve centenaire s'est réalisé. Avec un peu d'empathie, on comprendra volontiers pourquoi les Chinois avaient été si enthousiastes à la perspective des J.O. de Pékin et furent si révoltés par l'attitude des manifestants qui tentaient d'arracher la « flamme sacrée » à ses porteurs.

Cependant, beaucoup de Chinois sont lucides : le nombre de médailles ne suffit pas à faire de la Chine une grande nation sportive.

Depuis 1949, le sport est, avant tout, une affaire politique qui concerne la gloire du régime ou ses relations étrangères (on se souvient de la « diplomatie du ping-pong » avec les Américains, dans les années 70.) Un système de mobilisation du pays tout entier a été mis en place et la Chine est devenue une énorme usine à médailles d'or, *fabriquées* dans les quelque deux cents écoles sportives réparties dans différentes provinces, dotées des équipements les plus modernes qui feraient envie aux clubs sportifs des pays occidentaux. Elles servent à dénicher, dès leur plus jeune âge, les talents qui, une fois sélectionnés, seront contraints à un entraînement presque inhumain, dans le seul but de décrocher les médailles d'or dans les compétitions, pour un seul noble objectif : la gloire du pays. Ce système est un legs de l'Union soviétique et des anciens pays communistes de l'Europe de l'Est comme la Roumanie et la RDA. Il est très efficace mais n'a pas grand-chose à voir avec le sport de masse, la santé du peuple ou même l'esprit olympique.

En confiant les J.O. à Pékin, la communauté internationale avait espéré que cela conduirait la Chine à s'ouvrir davantage, voire à devenir un pays démocratique, comme la Corée du Sud après les J.O. de 1988. Or, l'événement a pris une tournure inattendue. Suite aux péripéties du transfert de la flamme olympique, la Chine fut soudainement mise sous les feux de la rampe. Tous ses problèmes intérieurs et extérieurs ont refait surface : conflits avec les minorités, notamment avec les Tibétains et les Ouigours du Xinjiang ; violation des Droits de l'Homme et, surtout, limitation de la liberté d'expression. Face aux critiques occidentales, les autorités chinoises qui, après sept ans de sérieuse préparation mobilisant des moyens colossaux, s'attendaient aux acclamations du monde entier, furent choquées et s'en prirent aux *forces occidentales hostiles à la Chine*. Le nationalisme monta parmi les Chinois du monde entier. Le risque d'un clash entre les deux civilisations se profilait à l'horizon.

Coup de théâtre à ce moment crucial : un événement tragique vint au secours du gouvernement chinois, un énorme séisme au Sichuan. Devant un désastre humain d'une telle ampleur, les virulentes critiques internationales ont vite cédé la place aux messages de compassion pour les sinistrés et d'encouragement, et même d'admiration, pour la parfaite organisation des secours par les autorités chinoises. Puis, un peu plus tard, la crise économique la plus grave depuis la Seconde Guerre mondiale a rapidement changé la donne de la géopolitique mondiale en faveur de la Chine. Les incidents précédant les J.O. de Pékin sont passés au second plan.

Toutefois, le grand malentendu qui est le thème central de notre livre s'est révélé tout entier : la période de lune de miel de cette troisième rencontre, où prévalait l'amitié entre « partenaires stratégiques », est révolue.

Pourquoi, après tant d'efforts visant à faire des J.O. de Pékin les Jeux les plus grandioses de l'histoire, l'objectif prévu d'améliorer l'image de la Chine dans le monde n'a-t-il pas été atteint ? Les dirigeants chinois, profondément déçus, ont conclu qu'ils ne vivaient plus le temps béni de la glorieuse Dynastie des Tang où le rayonnement de la civilisation chinoise attirait l'admiration de tous les pays voisins. Au contraire, l'Occident, marqué par ses préjugés historiques et idéologiques, mû par ses intérêts stratégiques et économiques, était réticent à voir la Chine, communiste de surcroît, émerger comme une super-puissance.

Ils ont également retenu une autre leçon : la propagande du gouvernement chinois depuis 1949 s'est avérée, à l'étranger, être un fiasco et a suscité, sur le plan international, plus de rejet et de méfiance que de compassion et de sympathie. Il faut donc apprendre à mieux communiquer avec l'Occident, surtout avec ses media. Des mesures ont été prises pour garantir le libre accès des journalistes étrangers à tous les sites Internet (on se souvient des protestations de ces derniers à la veille des J.O.). Quant à l'émeute du 5 juillet 2008 à Urumqi (dans le Xinjiang), la couverture médiatique a été très rapide. La presse étrangère fut autorisée à se rendre sur place quelques heures après la fin des manifestations, contrairement au black-out de l'information imposé lors des émeutes du Tibet au printemps 2008. « La Chine a appris à faire face à la presse étrangère », a commenté *The Times*.

Par ailleurs, soucieux de déjouer le monopole de la parole des media occidentaux sur le plan international et d'«aider le monde à connaître la vraie Chine », le gouvernement chinois investit des sommes considérables, soit 45 milliards de yuans (environ 5 milliards d'euros) dans la restructuration de ses réseaux médiatiques à travers le monde. Finie l'époque de Mao où la Chine tenait tête au monde entier et restait insensible à l'opinion internationale. Finie aussi l'époque de Deng où elle faisait profil bas afin de pouvoir se concentrer sur son développement économique. Aujourd'hui, elle a hâte de se faire accepter comme une puissance à part entière et, par conséquent, se soucie de son image à l'extérieur.

2.1.4. Les ambitions de la Chine et la théorie de « la menace chinoise »

Ceux qui ont visité l'armée des soldats de terre cuite, à Xi'an, se souviendront longtemps de cette soirée de danse, proposée à tous les touristes, intitulée « *Un rêve : retour à la grande dynastie des Tang* ». Outre sa valeur esthétique, cette soirée montre que le rêve des Chinois est de retrouver la gloire de l'époque de la Dynastie des Tang (618-907), l'apogée de la civilisation chinoise. A ce propos, il y a une anecdote significative. Fin juin 1998, Bill Clinton s'est rendu en Chine pour une visite officielle. Sur proposition de la partie chinoise, la première destination du Président américain ne fut ni Pékin, ni Shanghai, mais Xi'an. A son arrivée, on fit passer Clinton par une porte très ancienne de la ville, au milieu d'un cortège chinois portant les costumes de l'époque des Tang. La cérémonie fut très folklorique et le Président américain l'a appréciée, mais il ne pouvait pas comprendre le message symbolique très subtil que véhiculait cet évènement : sous la Dynastie des Tang, l'Empereur de Chine faisait passer par cette même porte les représentants des pays vassaux.

En 1998, devenir la première puissance mondiale était encore, pour les Chinois, un rêve lointain. Aujourd'hui, ce rêve paraît de plus en plus proche et réaliste.

Faut-il continuer à « rester dans l'ombre en attendant son heure » comme le préconisait le Petit Timonier Deng Xiao-ping après la massacre de Tiananmen ou aller au-devant de la scène internationale pour assumer le rôle de grande puissance ? Un grand débat est lancé au sein du pouvoir comme parmi les élites.

En 2006, la chaîne chinoise officielle, CCTV, a diffusé un téléfilm en douze épisodes, intitulé « L'émergence des grandes puissances ». Il montrait le parcours et les enseignements du développement du Portugal, de l'Espagne, des Pays-Bas, de l'Angleterre, de la France, de l'Allemagne, du Japon, de la Russie tsariste, puis de l'Union soviétique et des Etats-Unis. Le message était clair : désormais, la Chine doit s'imposer et se comporter en grande nation. Face à la crainte, explicitement exprimée au plan international, de la montée en puissance de la Chine, les dirigeants chinois ont avancé un mot d'ordre pour rassurer l'opinion mondiale : *le redressement pacifique*.

Par là, il faut entendre une forte volonté de retrouver la gloire du passé, de cette époque où l'influence de l'Empire du Milieu rayonnait. Mais la vraie question est ailleurs : avec une puissance qui augmente à vue d'œil, la Chine ne développera-t-elle pas une ambition expansionniste ? C'est cela que craint l'Occident, dans la mesure où, en Chine, demeure au pouvoir un régime communiste et où la voie à emprunter par la Chine pour son avenir est ambigüe.

Sur la question de l'ambition, les Autorités et le peuple semblent, pour l'heure, se rejoindre autour d'un objectif commun : le développement économique et la montée en puissance du pays. Côté Autorités, à l'objectif annoncé s'ajoute une condition : le maintien au pouvoir du Parti communiste. Pour le peuple, il y a plus important que le maintien au pouvoir du Parti. Il aspire surtout à un partage plus équitable des richesses sociales. L'ambition bifurque déjà.

La théorie de la menace chinoise qui hante les esprits en Occident est-elle fondée ?

Le peuple chinois a été, depuis l'antiquité, un peuple foncièrement paysan, ancestralement penché sur la terre. « Le pays du Milieu » était grand et auto-suffisant. En dehors de la nécessité de pacifier son voisinage pour des raisons de sécurité, il n'a jamais eu besoin de chercher des terres nouvelles ailleurs comme l'a fait l'Occident. Dans la tradition chinoise, guerroyer a toujours été un mal condamnable. C'est la raison pour laquelle la poudre à canon que les ancêtres chinois ont inventée n'a longtemps été utilisée que pour fabriquer des feux d'artifice, et non des armes à feu.

Regardons cet idéogramme chinois

qui signifie la paix. Il est composé de deux parties : à gauche, les céréales et, à droite, la bouche. Autrement dit, la paix règne lorsqu'il y a de quoi manger. Dans l'histoire, les Chinois ne se sont jamais battus pour des idées ou pour une religion, comme en Europe. Les révolutions que la Chine a connues au XXe siècle ont toutes été des « importations » de l'Europe, notamment de la Russie et de la France.

Début février 2009, dans un discours prononcé à l'Université de Cambridge, le Premier Ministre chinois, Wen Jia-bao, a déclaré que la Chine ne suivrait pas la logique selon laquelle la puissance conduit tout pays à l'hégémonie. Ses propos peuvent être tenus pour sincères. Mais les déclarations seules ne comptent pas. Mao Ze-dong n'a-t-il pas affirmé, à de nombreuses reprises, que la Chine ne recherchait pas l'hégémonie ? Or, lui-même n'aspirait qu'à devenir « l'hégémon » du Tiers Monde qu'il croyait représenter et diriger. Il faudrait donc que se mettent en place, au sein du système politique chinois, des garde-fous qui empêcheraient d'éventuels dirigeants belliqueux, à la tête du pays, de déraper et de sombrer dans la "folie des grandeurs". Ceci implique la nécessité d'une réforme profonde de ce système politique.

En mars 2009, parut en Chine un livre intitulé *La Chine n'est pas contente*, qui est en quelque sorte une actualisation du pamphlet *La Chine peut dire non*[1], publié en 1996, contre l'influence excessive de l'Occident sur la Chine depuis le début de l'ouverture.

Selon Zhang Xiao-bo, l'initiateur du livre, « *dans leurs relations avec la Chine, les pays occidentaux font à tour de rôle assaut de diplomatie pour gagner de l'argent sur le dos de la Chine.* » Il estime que « *depuis une vingtaine d'années, les relations entre la Chine et l'Occident se résument à une tentative d'endiguement et à une lutte contre l'endiguement...* » Ainsi, « *il faut contre-attaquer en cas de conduite agressive de l'Occident* » à l'instar de la Russie qui a violemment réagi dans son conflit avec la Géorgie en 2009 (en réalité, un conflit indirect avec les Etats-Unis). « *Nous ne pouvons plus utiliser des critères occidentaux pour juger nos comportements, nous ne pouvons pas toujours agir selon l'optique occidentale* ». Ce livre qui s'est vendu, dès le premier mois, à 100 000 exemplaires, a suscité une vive polémique, notamment sur ces propos jugés belliqueux selon lesquels la Chine, désormais, devra « faire des affaires avec l'épée en main ». Ses détracteurs l'accusent de propager le nationalisme et d'exprimer un empressement naïf et nuisible à vouloir dépasser l'Occident pour « diriger et sauver le monde ».

---

[1] Titre qui, lui-même, renvoyait à l'ouvrage que Morita (ex-Président de Sony) et Ishihara (actuel Maire de Tokyo) publièrent à la fin des années 80 "Le Japon qui peut dire non"...aux Etats-Unis !

Les champions de la théorie de la menace chinoise avancent, comme autre argument, la hausse continuelle du budget militaire de la Chine. Selon les statistiques officielles chinoises, ce budget a fortement augmenté ces dernières années (environ 18% par an, 15% seulement en 2009). Cependant, proportionnellement au PIB, il serait plutôt en baisse. Le budget militaire de la Chine, pour 2009, ne représenterait que 1,4% du PIB, alors que le même ratio est de 4,7% aux USA.

Ne peut-on considérer qu'il est normal pour la Chine, devenue économiquement plus puissante, de construire une armée capable de défendre ses intérêts nationaux désormais répartis aux quatre coins de la planète ? La première Guerre en Irak (1991) a appris une sérieuse leçon aux dirigeants chinois : « la Guerre populaire », un talisman cher à Mao Ze-dong, jadis si efficace pour repousser les envahisseurs japonais et vaincre l'armée de Chiang Kaï-shek, est un concept démodé. Le facteur déterminant n'est plus le nombre, mais le niveau technologique de l'armée. A partir de là, la Chine a réussi, en moins de vingt ans, à construire une armée moderne. D'ailleurs, les récents conflits en Mer de Chine méridionale ont fait ressurgir la nécessité de posséder une marine puissante avec des porte-avions.

Pour la Chine, la Mer de Chine méridionale revêt, avant tout, une signification stratégique pour renforcer sa défense nationale et contrecarrer la tentative américaine de la circonscrire. Sur le plan économique, elle a une importance considérable. Chaque année, un quart du transport maritime mondial passe par là. Par ailleurs, c'est la région la plus poissonneuse au monde, et elle recèle des ressources importantes en hydrocarbures : les réserves pétrolières y seraient comprises entre 2,3 et 3 milliards de tonnes, soit près du tiers des ressources totales de la Chine. Il n'est donc pas surprenant que cette région suscite la convoitise de tous les pays riverains.

A part le fameux différend sino-japonais sur la souveraineté de Diaoyudao (Senkaku Islands), deux événements récents ont mis les nerfs des Autorités et de l'opinion publique chinoises à rude épreuve. Au mois de février 2009, le parlement des Philippines a adopté une loi sur les eaux territoriales qui incluent une partie de l'archipel des îles Nansha (Spratly) qu'elles avaient auparavant reconnu comme chinois. Plus grave encore, en mars, le Premier ministre de Malaisie, Abdullah Badawi, s'est rendu en personne sur Danwan Jiao (Swallow Reef) et Guangxingzai Jiao (Ardasier Reef) y affirmer, pour la première fois, la souveraineté de la Malaisie sur ces territoires. Ces faits ont déclenché une vive réaction de la population et du gouvernement chinois. Ce dernier, accusé de se montrer « trop faible » par des internautes indignés, a déclaré que, tout en privilégiant la négociation pacifique, le recours à la force militaire n'était pas exclu.

Dès le début de 2009, la Chine a envoyé des bâtiments de guerre en Afrique, dans le cadre d'une mission des Nations-Unies destinée à combattre les pirates somaliens. Une première dans l'histoire chinoise. Cela montre une visée stratégique plus large de la Chine et la volonté de prendre une responsabilité plus importante, digne d'une grande nation.

Rattraper le retard, faire de la Chine une puissance qui égalerait et dépasserait l'Occident, tel a été, depuis plus de cent ans, le rêve des élites chinoises et un puissant moteur de l'ardeur du peuple chinois mobilisé dans cette grande cause dite du « redressement de la Chine ». Malheureusement, chaque fois, les Chinois semblent avoir du mal à « donner du temps au temps » et font preuve de trop de hâte, comme dans le Grand Bond en avant de 1958. L'attitude des auteurs de *La Chine n'est pas contente* s'inscrit également dans cette tendance à la précipitation.

En somme, la théorie de la menace chinoise reflète davantage l'anxiété de l'Occident qu'une soif de revanche chinoise. Les Etats-Unis, soucieux de maintenir leur suprématie, semblent poursuivre une politique d'endiguement vis-à-vis de la Chine, avec l'objectif d'empêcher l'émergence d'une puissance susceptible de prendre leur place. Quant à la Chine, elle ne revendique que la place qu'elle estime légitime dans l'histoire, la première.

Au-delà de cette divergence de visée stratégique et géopolitique, les intérêts économiques sont également au cœur du conflit potentiel.

L'émergence de la Chine est un moteur puissant de l'économie mondiale et profite considérablement aux consommateurs occidentaux. En revanche, elle peut constituer une menace pour les pays occidentaux et le Japon, qui voient partir, en grand nombre, leurs industries (donc leurs emplois) avec leurs atouts technologiques et commerciaux. Néanmoins, n'oublions pas que ces délocalisations sont décidées par les dirigeants des firmes occidentales, de façon totalement indépendante, poussés par leurs actionnaires à la recherche de profits les plus élevés possibles. La Chine se contente d'offrir des conditions idéales pour leur implantation, réussissant ainsi à drainer vers elle une grande partie des investissements directs internationaux.

Un autre sujet d'inquiétude de l'Occident est « la menace chinoise » dans le domaine des ressources minérales et énergétiques. Il est vrai que la Chine, pour alimenter sa croissance fulgurante, consomme de plus en plus de matières premières et d'énergie, qu'elle gaspille, en partie, en raison d'une utilisation peu efficace des « *inputs* ».
Cependant, faire porter toute la responsabilité sur la Chine serait injuste. Les pays occidentaux, notamment les Etats-Unis, sont largement responsables du drainage excessif des ressources fossiles. La concurrence ainsi que la course aux énergies et aux matières premières restent acharnées, notamment sur le continent africain et en Amérique Latine, où la Chine est de plus en plus présente, à la recherche de ressources sécurisées à travers des alliances politiques.

Aujourd'hui, le monde fait face au réchauffement climatique de la planète, causé par les émissions de gaz à effet de serre, et une révolution industrielle « verte » est engagée. La Chine, consciente des dégâts environnementaux provoqués par son développement ultra-rapide mais aussi de la formidable opportunité que cette nouvelle situation lui offre, est en train de réaliser un virage historique.

En 2003, Hu Jin-tao a avancé la thèse du « concept scientifique du développement » qui a remplacé le slogan de Deng Xiao-ping « *le développement passe avant tout* ». Ce nouveau concept a été concrétisé dans le 11ème plan quinquennal de l'Etat (2006-2010). Désormais, le « PIB Vert » détrône le

« PIB à tout va ». D'ambitieux projets sont conduits dans l'étude et l'application de nouvelles technologies, concernant notamment les énergies éoliennes et solaires. Pour des raisons historiques, la Chine a manqué les première et deuxième révolutions industrielles. Dans la troisième révolution, celle de l'information, elle est en voie de rattraper son retard et dans cette quatrième révolution, « la croissance verte », elle a toutes les chances de mener la course en tête aux côtés de l'Occident.

2.1.5. Développer une puissance douce

De plus en plus nombreux sont les Chinois qui se rendent compte qu'une économie puissante ne suffit pas, à elle seule, pour construire une grande nation. « Développer une puissance douce (*Soft Power*)[1] » devient un sujet favori en Chine. La question a même été soulevée dans le rapport adressé par le Président Hu Jin-tao lors du $17^{\text{ème}}$ Congrès national du Parti communiste chinois.

Comment la Chine, impatiente de devenir une véritable grande nation capable d'assumer le leadership du monde, pourra-t-elle développer une « puissance douce » ?

On parle déjà de substituer les produits *Made in China* par ceux *Created in China*. Pour cela, il faut retrouver la créativité dont le peuple chinois était doté dans l'antiquité et transformer « l'atelier du monde » en un immense *Silicon Valley*.

Le gouvernement chinois, conscient de l'enjeu, y attache de plus en plus d'importance. Selon l'ancien ministre chinois des Sciences et des Technologies, M. Xu Guang-hua, en 2006, l'investissement total dans la Recherche et le Développement a augmenté de 22% par rapport à l'année précédente et représente 1,4% du PIB national contre 1% en 2000. Malgré cet effort d'investissement, les résultats restent relativement faibles : pour la même année, l'indice du progrès des Sciences et

---

[1] Un concept avancé par Joseph Nye de l'Université de Havard, dans son livre publié en 1990 *Bound to Lead : The Changing Nature of American Power*, puis développé dans son nouvel ouvrage, en 2004, *Soft Power: The Means to Success in World Politics*.

Technologies[1] n'a progressé que de 1,5%, loin derrière la hausse des investissements en R&D. Cela est principalement dû à la mauvaise utilisation des ressources, surtout en raison du caractère encore très archaïque du système éducatif chinois, notamment universitaire.

Refaçonner la culture chinoise sur la base de ses propres traditions mais aussi des acquis des autres nations est une tâche ressentie en Chine comme une urgence. Depuis le XIXe siècle où les esprits éclairés de l'époque avaient avancé le principe « le savoir chinois comme fondement, le savoir occidental comme moyen », la Chine n'a cessé d'osciller entre les deux extrêmes : l'occidentalisation tous azimuts ou le retour aux traditions, notamment confucéennes, sans jamais trouver le Juste Milieu lui permettant de créer une nouvelle culture chinoise adaptée aux temps modernes.

De même, les trente années d'ouverture et de réforme sont marquées par un balancement entre ces deux tendances. Après une première période *d'occidentalisation*, une ère nouvelle semble s'imposer après les J.O. de Pékin. Le vent souffle fort pour un retour à la tradition : plusieurs fêtes populaires chinoises comme celle de la mi-automne, la Fête de la Clarté, ont été déclarées fériées en Chine, afin de contrecarrer l'influence grandissante des fêtes occidentales comme Noël et Halloween.
Confucius est de nouveau mis sur un piédestal. A la fin de 2008, 326 Instituts Confucius ont ouvert leurs portes, dans 81 pays, avec pour vocation de propager la langue et la culture chinoises.

Afin de combattre « la pollution culturelle et spirituelle », le gouvernement chinois a décidé de promouvoir une culture « saine » caractérisée par les « chansons rouges » (*hongge*) et les « textos rouges » (*hongduanzi*).

---

1 Un indice qui inclut le budget de la science, les thèses publiées, les brevets enregistrés, la commercialisation des produits et les investissements dans la recherche et le développement des entreprises.

La campagne des chansons rouges a été lancée par Bo Xi-lai, le maire de la méga-ville de Chongqing, en association avec sa croisade contre la mafia. L'ensemble s'appelle « Chanter le Rouge et Frapper le Noir », une version moderne du chef-d'œuvre d'Alexandre Dumas. Il s'agit d'inciter la population à entonner les chansons révolutionnaires de l'époque de Mao, dont les airs retentissent à nouveau (comme pendant la Révolution culturelle !) dans le ciel de la Chine nouvelle.

A la veille du Nouvel An chinois dernier, le gouvernement chinois a organisé une importante réunion, à laquelle ont participé des dirigeants du Ministère de l'Information et des trois principaux opérateurs chinois de télécommunications, pour discuter sérieusement d'un sujet très important : les *textos rouges* (l'esprit de la culture chinoise à l'ère d'Internet). Un centre du développement a été créé et un programme détaillé mis au point : former un contingent d'écrivains de textos rouges, composé d'un million d'« écrivains têtes de série » et de dix millions d'« écrivains de masse », afin de mobiliser des centaines de millions de participants. Par textos rouges, on entend des messages, envoyés sur Internet ou par SMS, dont le contenu est « sain » et « susceptible d'éduquer le peuple ». Ce sont, en fait, des slogans politiques transformés en phrases rimées. Selon Monsieur Xie, haut responsable de cette industrie fort prometteuse, *« la participation des masses, par centaines de millions, à la rédaction de textos rouges est la meilleure façon d'enregistrer et de transmettre à la postérité la grande époque de la renaissance et de la prospérité de la Chine »*. Il a même fait un parallèle entre les textos rouges et la poésie des Tang, l'apogée de la littérature chinoise. D'ailleurs, l'industrie des textos connaît en Chine un progrès exponentiel (le nombre de SMS envoyés a été multiplié par 430 entre 2000 et 2006, pour atteindre 430 milliards) et génère des bénéfices colossaux. Tout naturellement, l'encouragement des textos rouges va de paire avec la censure des « textos noirs, gris et jaunes[1] » (à la fin

---

[1] "Rouge" étant la couleur du faste, et celle de la révolution, "noir" est donc son contraire – couleur du néfaste et de la contre-révolution. Si "gris" symbolise ce qui est douteux, "jaune" est synonyme de pornographie.

janvier 2010, quelque 19 000 sites « pornographiques » ont été fermés).

Ce mouvement qualifié de « Mouvement de la Nouvelle Culture Rouge » vise d'une part à *sauver la jeunesse du piège de la culture américaine* et, d'autre part, à *briser le monopole des media occidentaux*. Cependant, bon nombre d'intellectuels restent très sceptiques quant à son bien-fondé et à son efficacité pour l'éducation du peuple. Est-ce en chantant des chansons révolutionnaires et en envoyant des textos rouges que les Chinois retrouveront les bonnes traditions d'antan et que la Chine deviendra une « puissance culturelle » ?

M. Wu jian-min, ancien Ambassadeur de Chine en France, a fait remarquer à plusieurs reprises qu'avant que la Chine ne devienne une vraie puissance, les Chinois devaient se débarrasser de leur « mentalité de nation faible », caractérisée par la susceptibilité à la critique, preuve du manque de confiance en soi et de maturité. M. Deng Xiao-mang, professeur à l'Université polytechnique de Huazhong, ne mâchant pas ses mots, a mis le doigt sur la vraie « maladie des Chinois » qui, selon lui, « n'est pas dans notre corps, mais dans notre esprit ». « *Depuis longtemps nous avons cassé le panneau portant l'inscription 'l'Homme malade de l'Orient' mais son empreinte reste gravée dans notre psychologie* ». Pour lui, une puissance culturelle ne s'exprime pas par ses aspects extérieurs, tels le sport, le cinéma ou le *gongfu*, mais par ce qui est à l'intérieur, un modèle culturel et psychologique… « une personnalité nationale qui inspire le respect. »

2.1.6. « La Chine est déjà encerclée »

Une voix radicale s'élève au sein de l'Armée, celle des *Eagles* qui clament haut et fort leur indignation et alertent les dirigeants et le peuple chinois, selon eux grisés par la croissance du PIB, les incitant à réagir face au « complot » de l'Occident qui chercherait à encercler et démembrer la Chine.

La personnalité la plus en vue des Eagles chinois est M. Dai Xu, un stratège de renom et colonel de l'armée de l'air. Ces dernières années, au milieu des chants de triomphe et dans l'euphorie générale, il a publié une série d'ouvrages dont « Feu d'alarme d'une époque de prospérité », et prononcé des discours des plus virulents. Dans l'un de ces discours, il a tiré la sonnette d'alarme : « La Chine est déjà assiégée en arc de cercle ».

Ecoutons-le :

« *Pendant que vous jouez au mah-jong, des bombardiers stratégiques américains B2 tournent au-dessus de vos têtes. Les Américains nous encerclent d'abord par voie maritime, en commençant par le Japon... Plus loin, un point important du cercle est Taiwan qui restera un casse-tête tant qu'il ne sera pas récupéré... Cet encerclement maritime se termine en Mer de Chine méridionale... Les gisements de pétrole déjà détectés dépassent 50 milliards de tonnes, sans compter ceux de gaz naturel... C'est l'avenir de la Chine qui est en jeu...*

A quoi jouent les USA dans cette région ? Ils prennent l'Océan Pacifique pour une porte qu'ils ferment depuis le Japon jusqu'à la Mer de Chine méridionale. Plus à l'ouest, l'Inde... joue le rôle d'une autre porte. Les Américains sont le gardien qui ferme les portes et les pays de l'ASEAN sont des verrous... Ainsi, la porte sur la mer qui s'étend sur 30 000 km est quasiment fermée... Certains d'entre nous disent qu'après 60 ans de développement, notre marine est devenue une grande muraille d'acier. C'est une affirmation ridicule. Nul besoin de construire cette grande muraille d'acier car ils en ont déjà construite une autour de nous... si bien que notre marine se trouve pratiquement prisonnière...

A la différence de l'encerclement en Nouvelle Lune subi pendant la Guerre Froide, nous faisons face à un encerclement à la fois maritime et continental. A partir de l'Inde, il se prolonge vers l'ouest... Toute seule, l'Inde n'est certainement pas de taille à nous tenir tête, mais elle est un maillon de la chaîne... Elle forme, pour le Dalaï Lama, un commando de dix mille personnes revêtues d'un uniforme indien...

Après l'Inde, c'est le Pakistan... Nombre d'entre nous croient que les opérations militaires menées par les Américains dans cette région visent à combattre les terroristes. Or ce n'est pas le cas. Où se battent-ils ? Dans le Sud-Ouest du Pakistan... à Gwadar, un port que la Chine a construit à l'embouchure de l'Océan Indien... Les Américains ont choisi cet endroit pour faire la guerre contre les terroristes, si bien que la population s'est enfuie, et les investisseurs aussi.

Au-delà du Pakistan, il y a l'Afghanistan où les Américains se battent depuis neuf ans... Ils ne vont pas gagner la guerre. Ils ne veulent pas la gagner... c'est un prétexte qui leur permet de pénétrer l'Asie centrale... car ils visent la Russie et la Chine. Derrière l'incident du Xinjiang... il y a le facteur américain... En fait, ce sont les Américains qui soutiennent les forces rebelles du Xinjiang...

En août 2009, les Américains ont annoncé l'abandon du système anti-missile déployé en Europe de l'Est contre la Russie... ils sont en train d'en créer un nouveau en périphérie de la Chine, depuis la péninsule coréenne jusqu'en Inde...

Pourquoi les Etats-Unis veulent-ils encercler la Chine ? Après avoir battu le Japon, l'Allemagne et l'Union Soviétique au XXe siècle, ils poursuivent désormais un nouvel objectif, celui de créer un empire planétaire...

Quelle est la stratégie américaine vis-à-vis de la Chine ? Elle consiste à vider son économie, à l'encercler sur le plan géopolitique, à la contenir militairement, à exercer une haute pression politique, à l'attaquer de l'intérieur comme de l'extérieur, à la perturber de façon continue. Les Américains ont déjà réussi à façonner le Japon à l'instar des eunuques chinois. Maintenant, leur objectif est de façonner la Chine à l'exemple d'un Japon riche mais impuissant... Ils vont inciter les pays en périphérie à nous faire la guerre, se livrer à des interventions militaires directes, jusqu'à démembrer la Chine à la fin...

Derrière la crise financière, se dissimule un complot stratégique américain. C'est le piège du dollar... Le Washington Post a comparé la Chine à un joueur désespéré devant une machine à sous : le dollar dévaluera si la Chine n'y met pas de jetons. Mais le dollar dévaluera tôt ou tard. Je crois qu'ils ne nous rembourseront jamais nos 1500 milliards de dollars que nous y avons placés. C'est comme envoyer un morceau de viande dans le ventre d'un chien. Nos fonctionnaires demandent aux dirigeants américains de protéger notre capital et ces derniers *répondent : soyez tranquilles, votre viande est en toute sécurité dans mon ventre...*

Dans le cadre de leur stratégie d'encerclement, les Américains ont recours à une tactique sournoise, ils abreuvent les Chinois de compliments au sujet de leur PIB. Nous ne devons pas nous laisser griser par leurs propos. Notre capacité de production manufacturière, c'est notre capacité à conduire la guerre... A mon avis, la Chine pourrait connaître un énorme désastre dans vingt ans... en 2030, quand notre urbanisation aura atteint son paroxysme et que le monde sera sorti de la crise financière... Beaucoup de pays auront accompli leur refonte militaire. La loi veut que les armées avancées massacrent les armées arriérées et pillent leur richesse pour changer la donne du monde. Ce sera donc un moment crucial.

Nous devons construire un pays puissant en intégrant toutes les ethnies. Notre armée doit sortir au lieu d'attendre passivement qu'on nous frappe... Elle doit être une épée de l'Etat et récupérer les territoires que nos ancêtres ont perdus, et ce en livrant des guerres justes...

Quand pourrons-nous dire que la Chine est devenue une puissance ? D'abord, lorsque nous aurons récupéré tous les territoires, y compris les espaces maritimes, perdus. Ensuite, lorsque nous serons à même de construire nos propres avions et automobiles au lieu d'assembler ceux des autres. Enfin, lorsqu'on n'entendra plus de nouvelles sur nos ressortissants malmenés à l'étranger... »

Les propos du Colonel Dai sont évidemment très excessifs et ne reflètent pas la position dominante des élites chinoises. Ils représentent néanmoins une vision partagée par bon nombre de Chinois, notamment les jeunes. Dans quelle mesure les *Eagles* influencent-ils les décideurs politiques au sommet du pouvoir ? La fermeté des positions chinoises dans les récents conflits avec l'Occident, notamment avec les Etats-Unis, peut être un indicateur.

Vis-à-vis de la Chine, il n'y a pas de politique commune de l'Occident et, bien entendu, encore moins de « complot ». Les Etats-Unis, soucieux de maintenir leur suprématie, poursuivent une stratégie d'endiguement à l'encontre de la Chine parce qu'ils la perçoivent, à tort également, comme expansionniste. Il faut, si possible, ramener les choses à leur juste proportion. Il existe de réels litiges territoriaux en Mer de Chine (les Iles Spratley et les Iles Paracel), liés d'ailleurs à des considérations économiques (pétrole, pêche), mais qui ne concernent qu'indirectement l'Occident, l'Europe en particulier. Celle-ci aurait plutôt tendance à jouer un rôle de modération et d'apaisement.

2.1.7. Les zones d'ombre

Derrière le miracle économique chinois, se profilent de nombreuses zones d'ombre qui risquent d'entraver le progrès du pays. Nous proposons de les analyser afin de voir plus clairement l'orientation que la Chine suivra dans les années à venir.

2.1.7.1 L'économie et le politique : la schizophrénie

Depuis que Deng Xiao-ping a engagé la Chine sur la voie de l'économie de marché dite « socialiste », les autorités chinoises font face à un paradoxe, à la fois théorique et pratique, car cette voie empruntée est en porte-à-faux avec la nature du Parti communiste qui la dirige. Comment justifier cette contradiction ? Deng a répondu par l'aphorisme cité plus haut (*qu'importe que le chat soit noir ou blanc pourvu qu'il attrape la souris*) qui semble signifier que l'idéologie importe peu pourvu que l'économie prospère. Faux ! Sur le plan politique, il n'a cessé de mettre en garde le Parti contre le pluripartisme et la séparation des pouvoirs. Tous les moyens sont bons pour développer le pays, à une seule condition : que le Parti demeure au pouvoir. Les successeurs de Deng, Jiang puis Hu, ont maintenu ce cap contradictoire, tout en cherchant constamment à se justifier. Jiang a avancé la *pensée des trois représentativités* pour affirmer que le Parti communiste, loin de représenter uniquement l'avant-garde de la classe ouvrière, comme il est stipulé dans les Statuts de tous les partis communistes depuis Lénine, est également le représentant des « forces productrices avancées », de « l'écrasante majorité des masses populaires » et de « la culture avancée ». En termes plus explicites, le Parti communiste chinois ayant adopté l'économie de marché, peut admettre en son sein les intellectuels (qualifiés par Mao de « bourgeois » ou de « petits bourgeois ») ainsi que les capitalistes appartenant jadis aux classes exploiteuses, et même accepter la distribution des films hollywoodiens et les chanteurs pop hongkongais ou taïwanais, en raison de leur caractère « avancé ».

Par rapport à l'époque de Deng-Jiang, caractérisée par un développement tous azimuts, c'est-à-dire avec comme seul critère la croissance du PIB, mais destructeur de l'environnement, Hu a posé un nouveau jalon. Il a lancé le « concept scientifique du développement » et le slogan « *construire le socialisme aux caractéristiques chinoises* », c'est-à-dire assurer un développement durable en tenant compte de la protection de l'environnement et du rétrécissement du clivage social. Néanmoins, le maintien au pouvoir du parti unique reste un principe immuable.

Ce paradoxe pourra-t-il durer ? La grogne monte de plus en plus, surtout de la part des élites et de la classe moyenne car ils réalisent que la Chine devient l'un des rares pays dans le monde où l'on n'a pas le droit de choisir ses dirigeants, de connaître la vérité, ni d'exprimer ses idées politiques contestataires. L'élection de Barack Obama a suscité beaucoup d'intérêt en Chine, notamment chez les jeunes. « *Nous regardons les élections américaines comme un eunuque regarderait des couples faire l'amour* » a écrit un internaute chinois.

Dans la presse du sud, sont publiés des articles aux intentions à peine dissimulées, comme celui qui a détaillé les tenants et les aboutissants de la monarchie constitutionnelle qui prenait forme, il y a cent ans, à la fin de la Dynastie des Qing. Plus récemment, le 9 décembre 2008, 303 personnalités chinoises ont diffusé sur Internet « La Charte 08 »[1]. C'est un manifeste qui appelle à la substitution du régime du parti unique par un gouvernement démocratique et constitutionnel. La Charte a avancé 19 propositions concrètes telles que la séparation des pouvoirs,

---

1 Sur le modèle de la Charte 77 de Vaclav Havel, en Tchécoslovaquie.

l'instauration d'une démocratie législative, la garantie de la liberté religieuse, de la liberté d'association, de réunion et d'expression. Ce manifeste aurait recueilli plus de 10 000 signatures mais reste complètement occulté par la presse chinoise.

Gérer la contestation semble relever d'un domaine où les autorités chinoises sont incompétentes. Elles ne savent pas comment y faire face, si ce n'est par l'interdiction et la répression. Le mouvement étudiant de Tiananmen en 1989 leur a servi de leçon : il faut tuer dans l'œuf tout risque d'émeute au lieu de laisser la situation se dégrader. Avant chaque événement important (les manifestations internationales, une réunion de l'APEC, les anniversaires « sensibles », les J.O., etc.), la police prend des mesures draconiennes de prévention en évacuant les éléments suspects répertoriés (les pratiquants de la secte *Falun gong*[1], les contestataires, les familles de prisonniers politiques ou des victimes de Tiananmen...). Les ONG sont perçues, par les autorités chinoises, comme une source de troubles sociaux, même si, après le tremblement de terre dans le Sichuan, elles ont laissé intervenir des sauveteurs bénévoles, organisés de façon indépendante. Mais cela ne créera pas de précédent.

D'ailleurs, au nom du maintien de la stabilité, les rassemblements de masse, qui ont jalonné toute l'histoire contemporaine de la Chine, appartiennent désormais au passé, tant les autorités ont peur d'un éventuel dérapage.

La place Tiananmen est quadrillée par des grilles et surveillée par des patrouilles, des agents en civil et des caméras. La même chose vaut pour la place du Peuple à Shanghai.

---

1 Le Falun gong, aussi connu comme Le Falun Dafa, est un mouvement spirituel chinois. Fondée par Li Hongzhi en 1992, cette "secte" pratiquant des exercices physiques tout autant que mystiques, comptait en 1999 environ 70 millions d'adeptes, soit à peu près autant que de membres du Parti communiste chinois .

Devant une plus grande liberté d'expression du peuple, le Parti a renforcé le « guidage de l'opinion publique », le rôle officiel des media et mis en place une impressionnante cyber-police.

Comment faire face aux media étrangers indépendants qui cherchent la moindre faute et aiment provoquer, voilà une nouvelle leçon que les dirigeants chinois sont en train d'apprendre. Dans le passé, ils les évitaient et les conférences de presse étaient bien orchestrées, de façon à ce que les journalistes chinois monopolisent la parole et que leurs homologues étrangers ne puissent pas poser de questions embarrassantes. En novembre 2000, l'ancien président chinois, Jiang Ze-min, irrité par la question gênante d'une journaliste de Hongkong sur la nomination de fait du nouveau chef du gouvernement hongkongais, a piqué une grosse colère, accusant les journalistes d'être trop *naïfs* et les enjoignant, d'un ton péremptoire, à « élever leur niveau de connaissance ». Cela a fait scandale dans l'ancienne colonie britannique. Comparés à lui, les dirigeants actuels ont fait un réel progrès. Lorsque le premier ministre chinois Wen Jia-bao, prononçant son discours à l'Université de Cambridge, le 6 février 2009, a été attaqué par un auditeur qui lui a jeté une chaussure, il a non seulement continué son discours avec calme, mais il a, par la suite, demandé à l'Université de ne pas punir le fauteur de trouble.

2.1.7.2. Faire taire l'histoire au nom de la stabilité

2009 était une année d'anniversaires. Les Chinois qui aiment tant la magie des chiffres, les résument en : 6-9-5-2-1.

Le 6, le seul chiffre bénéfique, est « le grand anniversaire » (60 ans) de la République populaire de Chine. Selon le calendrier lunaire chinois, 60 ans marquent un grand cycle, composé de cinq petits cycles de 12 années, chacune représentée par un signe du zodiaque (le Rat, le Buffle, le Tigre, le Lapin, etc.). C'est un moment idéal pour faire parade de sa puissance, notamment militaire.

Le 9 rappelle le quatre-vingt-dixième anniversaire du Mouvement du 4 Mai (1919). Cependant, lors de sa commémoration, le Parti a tout fait pour ramener « l'esprit du 4 mai » au seul « patriotisme », alors qu'il est connu de tous que la portée historique de ce mouvement consiste en une volonté déclarée d'inviter en Chine les deux Messieurs issus de l'Occident : *Monsieur D* et *Monsieur S*.

Quant aux trois autres anniversaires, ils étaient plus que gênants pour les autorités chinoises. Le 5 évoque la fuite du Dalaï Lama il y a cinquante ans (1959) ; le 2, les vingt ans du massacre de Tiananmen ; et le 1, la répression de la Secte Falun gong lancée dix ans auparavant. En filtrant les sites Internet et les media, en tenant sous contrôle les personnalités dissidentes, le gouvernement chinois a réussi à faire de ces trois moments sensibles des non-événements. Liu Xiao-bo[1], le principal auteur de la Charte 08 a été arrêté pour « crime de subversion » et condamné à onze ans de prison. Plusieurs autres signataires de la Charte ont mystérieusement disparu. En juillet 2009, une association d'avocats pékinois, Gong Meng, a été déclarée « organisation illégale » pour avoir défendu les droits des simples citoyens face aux pouvoirs publics.

Faire taire l'histoire est propre à tout régime totalitaire. Si on regarde de près l'histoire chinoise telle qu'elle fut présentée dans la grandiose cérémonie d'ouverture des J.O. de Pékin, on s'apercevra qu'elle a été tronquée : il n'en restait plus que les temps anciens de Confucius et les Quatre Grandes Inventions[2]. C'est une tradition millénaire en Chine qu'une nouvelle dynastie, dès son avènement, entreprenne la rédaction d'une nouvelle version, inévitablement négative, de l'histoire de la précédente dynastie afin de justifier le changement. La Dynastie Mao a fait de même. Elle a falsifié les faits pour glorifier les communistes comme ayant été les seuls à avoir combattu les envahisseurs japonais et sauvé le peuple de l'abîme. Ainsi le régime communiste a-t-il bâti la légitimité de son pouvoir conquis « au

---

1 Prix Nobel de la Paix 2010
2 Il s'agit du papier, de l'imprimerie, de la poudre et de la boussole.

bout du fusil » (Mao) et façonné la mémoire collective du peuple au moyen de la propagande et de la rééducation idéologique.

Deng Xiao-ping lui-même, dès son retour au pouvoir, a tiré le rideau sur la Dynastie Mao, peu glorieuse, en apportant des jugements hâtifs : rejet total de la Révolution culturelle; Mao évalué à 70% de mérites, 30% de fautes. Il savait que cette conclusion n'était pas objective, ni acceptable pour ceux notamment qui avaient été persécutés depuis 1949. Sentant sa mort prochaine, Deng établit donc, en 2004, ce testament politique à propos de Mao : « *Vous (les vieux cadres qui demandez à juger plus sévèrement Mao) avez raison. Mais il faut attendre... et laisser la génération suivante apporter une évaluation totale, au début du siècle prochain par exemple.* » Deng disparu, Hu Jin-tao, répondant à la même demande, proposa de reporter le jugement sur Mao à un futur indéfini « quand l'ambiance politique sera plus calme ».

Faut-il regarder le passé et faire un sérieux réexamen de l'histoire afin d'en tirer les leçons nécessaires ou tourner rapidement la page et envisager plutôt l'avenir pour maintenir la stabilité au profit du développement du pays ? C'est là que divergent, en Chine, les autorités et les élites, les « anciens » et les jeunes. L'écrivain chinois, Pa King (1904-2005), a proposé de créer le Musée de la Révolution Culturelle pour que les Chinois, de génération en génération, se souviennent des désastres causés par le peuple lui-même car, sans la participation de millions de Chinois, comment Mao aurait-il pu agir ? Cette acceptation du passé est indispensable si l'on veut extirper les racines du mal. Les autorités ont fait la sourde oreille.

Comme les personnes ayant vécu ces événements vieillissent et disparaissent (des 550 000 « droitistes » seuls 10 000 sont encore vivants, alors que la génération de la Révolution Culturelle est déjà sexagénaire), la Chine risque de perdre la mémoire collective de son histoire contemporaine. Il est important de préserver leurs témoignages.

Où est le Soljenitsyne chinois pour « faire parler le silence de l'Histoire » ? Une fois, à la question : « *Que serait devenu Lu*

Xun[1] *s'il avait été encore vivant ?* », Mao aurait répondu sans équivoque : « *Soit il se tairait, soit il serait en prison* ».

2.1.7.3. Perplexité face à la religion et aux ethnies minoritaires

Les autorités communistes, par définition athées, sont méfiantes à l'égard de la religion et se montrent maladroites pour gérer les affaires religieuses. En 1953, elles ont créé « l'Eglise catholique patriotique », placée sous les auspices du gouvernement chinois et, en même temps, les communistes se sont livrés à une persécution sans merci des religieux *hétérodoxes*, décrits comme les agents des impérialistes sous l'habit de la religion. Le cas le plus célèbre est celui de Gong Ping-mei[2], évêque de la Paroisse de Shanghai en 1949. Refusant de collaborer avec l'Eglise patriotique, il fut arrêté en 1955, avec plus de 300 autres fidèles, accusés de mener des activités d'espionnage au service des étrangers.

Dans *Le livre rouge des martyrs chinois* (traduction française publiée par Salvator), Gerolamo Fazzini apporte des témoignages saisissants des persécutions de chrétiens sous le régime de Mao, levant la chape de plomb sur les effrayantes atrocités commises au nom de l'idéologie.

Un exemple plus récent est la persécution du mouvement Falun gong[3], condamné comme « secte vicieuse ». Il n'a pas été jugé par voie légale, mais combattu à la manière de la Révolution culturelle, sur l'initiative de l'ancien dirigeant Jiang

---

[1] Lu Xun (1881-1936), écrivain chinois particulièrement critique vis-à-vis du régime des nationalistes.
[2] Gong Ping-mei (1902-2000) fut nommé secrètement par Rome archevêque de Chine en 1979 quand il était encore en prison. En 1986, comme il aurait « reconnu ses erreurs », il fut conditionnellement libéré et, l'année suivante, partit aux Etats-Unis. En 1991, il fut nommé cardinal par Jean-Paul II.
[3] Depuis 1999, concurrençant le Parti communiste comme organisation sociale, il fait l'objet d'une répression par les autorités chinoises qui le condamne comme une « secte néfaste » et procède à des arrestations, mauvais traitements et emprisonnements.

Ze-min, choqué par l'énorme influence du Falun gong dans la population, personnalités haut placées comprises. Il a déchaîné une répression violente et massive contre cette organisation qui touche des millions de personnes. Depuis maintenant dix ans, les adeptes de Falun gong font l'objet d'une persécution inouïe. Selon des statistiques incomplètes, il y aurait eu 2212 victimes, la plupart battues à mort, et d'innombrables autres membres incarcérés et sauvagement traités. Cette organisation, au début inoffensive, serait maintenant instrumentalisée par « les forces hostiles », notamment américaines, et devient l'ennemi N°1 du Parti communiste chinois.

Quand la religion se mêle aux problèmes ethniques, cela devient un vrai casse-tête pour les autorités chinoises. Après les graves incidents du Tibet en 2008, l'émeute du 5 juillet 2009 à Urumqi, dans le Xinjiang, a causé 156 morts et plus de 1000 blessés. Cet événement a été un tel choc en Chine et dans le monde que le Président chinois, Hu Jing-tao, a faussé compagnie au G8, en Italie, pour rentrer d'urgence à Pékin traiter cette affaire de la dernière gravité, notamment dans cette année ultrasensible.

La suite s'est déroulée dans la droite ligne du Parti. Une « main noire » a été trouvée : Rebiya Kadeer, riche femme d'affaires et ancienne parlementaire du Xinjiang, aujourd'hui présidente du Congrès mondial Ouïgour qui siège aux Etats-Unis, donc à la solde des *forces hostiles à la Chine*. Le nationalisme chinois monte d'un cran. Le seul éditorial officiel de l'agence Xinhua appelle le peuple à « *ouvrir les yeux, forger son unité contre le séparatisme afin de favoriser la stabilité, le développement et la construction d'un Xinjiang encore plus beau et plus prospère.* »

Tout va désormais pour le mieux, semble-t-il. Mais quelles sont les leçons à tirer ? Comment calmer les tensions entre les Han, ethnie dominante, et les ethnies minoritaires, notamment les Ouïgours et les Tibétains, et enrayer les poussées indépendantistes autrement que par la répression et « l'éducation patriotique » ?

En fait, les racines du mal résident sans doute dans l'incapacité structurelle du régime communiste à souder la grande nation chinoise, concept qui fut un temps l'étendard sous lequel se sont regroupés les Chinois pour renverser l'Empire des Mandchous, combattre les envahisseurs nippons, et ensuite construire « le paradis socialiste ».

La Chine est composée de 56 ethnies, dont 55 minorités qui représentent, selon le recensement de 2000, 104 millions de personnes. Le Xinjiang, littéralement *Nouvelle Frontière*, a été une conquête chinoise de la Dynastie des Qing, au XVIIIe siècle.

A l'époque, les traditions culturelles et religieuses des Ouïgours, des Tibétains, des Mongols ou d'autres ethnies étaient plutôt bien respectées par les Mandchous au pouvoir, qui eux-mêmes étaient une ethnie minoritaire, et, à l'origine, nomade de surcroît.

Sous le régime de Mao, la doctrine de la lutte des classes s'appliquait à toutes les ethnies et la seule distinction était entre « le peuple travailleur » et « les ennemis de classe » : les propriétaires terriens, les paysans riches, les contre-révolutionnaires, les malfaiteurs, les droitistes et enfin, pendant la Révolution culturelle, les *zouzipai,* responsables au sein du Parti qui s'engagent dans la voie capitaliste. Cette politique a permis de dépasser les différences et les conflits ethniques sauf quand les gardes rouges s'en sont pris aux traditions culturelles des minorités ethniques (en forçant, par exemple, les minorités musulmanes à élever des porcs et à en consommer).

Depuis que la Chine a renoncé à la doctrine maoïste de la lutte des classes et s'est lancée dans l'économie de marché, le gouvernement, soucieux d'amadouer les ethnies minoritaires, leur a accordé une aide financière plus ou moins importante selon la région et la période, ainsi qu'un certain nombre de privilèges, dont une politique plus souple en matière de planning familial et l'amélioration des notes obtenues au concours d'entrée à l'université. Chaque fois qu'il y a conflit entre une minorité et les *Han,* le règlement penche invariablement en faveur de la minorité, notamment quand il s'agit de musulmans.

Cependant, tout cela n'a pas suffi à apaiser le mécontentement de ces ethnies qui se plaignent d'être marginalisées et victimes de discrimination.

En fait, la croissance chinoise a profité davantage aux *han* dont la plupart habitent les régions côtières de l'Est du pays. Puis, quand le gouvernement, au début du nouveau siècle, a appelé à « développer le Grand Ouest », nombre de *han* se sont rendus dans des provinces intérieures, y compris dans les *régions autonomes* comme le Xinjiang et le Tibet. Rompus au commerce et profitant des ressources locales, ils y développent leurs affaires et deviennent les nantis de ces régions, alors que les ethnies minoritaires se sentent spoliées et laissées pour compte. Effectivement, ces dernières sont souvent l'objet de discrimination, surtout quand elles s'installent dans les Provinces des *Han*. Les Ouïgours, par exemple, sont synonymes de « voleurs » à Pékin comme à Shanghai, où ils sont regardés et traités avec mépris. Cette méfiance est d'ailleurs officialisée par le fait que le numéro 1 (le Secrétaire du Parti) de toutes les Régions Autonomes (où réside une forte proportion d'ethnies minoritaires) est un *han* et que seul le numéro 2 (le Gouverneur) peut être d'ethnie minoritaire.

Il reste que, comme pour tous les Etats, la question des minorités ethniques touche nécessairement aux intérêts vitaux du pays et reste du domaine de ses affaires intérieures. Toute ingérence étrangère soutenant le séparatisme ne peut donc qu'exacerber le nationalisme chinois.

2.1.8. Où va la Chine ?

Le 1 juillet 2009, jour de l'anniversaire du Parti communiste chinois, dans le luxueux hôtel *The Westin Beijing,* deux cents personnalités chinoises, des hommes d'affaires pour la plupart, se sont regroupées pour écouter le discours du président de

China Merchants Group et le commenter. Le sujet, qui n'avait rien à voir avec les affaires, était... « Où va la Chine dans les trente prochaines années ? ».

Depuis un certain temps, en Chine, des séminaires autour de sujets comme celui-là sont fréquents, et le plus souvent organisés, non pas par des milieux académiques, mais par des groupements d'entrepreneurs comme la WRSACC (Western Returned Scholars Association Chamber of Commerce), la SEE (Society of Entrepreneurs & Ecology), la Tribune des Entrepreneurs chinois, le Club des chefs d'entreprises chinois, etc. Cette couche sociale, composée d'entrepreneurs d'un nouveau genre, qualifiée en Chine de « nouvelle aile droite » (*xinyouyi*), joue un rôle de plus en plus important dans la recherche de la voie à emprunter par une Chine en passe de devenir une superpuissance mondiale.

2.1.8.1. Le Parti : un ensemble de groupes d'intérêts

Puisque la Chine a amorcé, depuis Deng Xiao-ping, la réforme de son système économique, on attend d'elle qu'elle poursuive son chemin en procédant à la réforme de son système politique afin de mener la société chinoise vers la démocratie.

De fait, le terme *minzhu* (la démocratie) apparaît de plus en plus fréquemment dans les discours officiels des dirigeants chinois et certains d'entre eux semblent animés d'une volonté sincère de l'appliquer. Mais on constate que, contrairement à la mise en œuvre, énergique et rapide, des mesures économiques, les promesses de réforme politique restent souvent peu suivies d'effet. Pourquoi ?

Si le Parti de Mao était animé d'un idéal, même utopique, basé sur l'idéologie communiste, le Parti s'est transformé, de nos jours, en un immense groupe d'intérêts.

L'actuelle équipe dirigeante du PCC est composée principalement de deux factions, réunies dans ce qu'on appelle, par dérision, le *Clan Vert-Rouge* (*qinghongbang*)[1]. *Le Vert* fait allusion aux *Tuanpai*, anciens cadres de la Ligue de la Jeunesse communiste, représentés par Hu Jin-tao lui-même[2], alors que *le Rouge*, *Taizidang*, fait allusion à la lignée des princes (enfants des hauts dirigeants des premières générations). Leur représentant est Xi Jin-ping, fils d'un compagnon d'armes de Mao, Xi Zhong-xun, et aujourd'hui vice-président de la République, qui va, théoriquement, succéder à Hu au prochain congrès du Parti en 2012. Son principal rival, un autre « prince », Bo Xi-lai, fils d'un vétéran du Parti, Bo Yi-bo, a été relégué à la tête de la municipalité de Chongqing, probablement à cause de ses ambitions trop affichées quand il était en poste à Dalian, en Mandchourie. Malgré les divergences et la lutte pour le pouvoir qui opposent les *verts* aux *rouges* ou au sein de chaque clan, tous sont unanimes dans la défense du système du parti unique.

En dressant le bilan des trente dernières années, nous avons fait remarquer que la seconde période, commencée en 1992, est caractérisée par une montée fulgurante de l'économie chinoise grâce à une interaction bénéfique entre le gouvernement et le capital mais qu'en même temps, cette alliance Pouvoir-Argent a eu pour résultat inévitable une corruption structurelle et généralisée. Le gouvernement, au lieu de remplir sa seule fonction qui est de réguler et de contrôler le marché, est entré lui-même dans le marché. C'est comme si, sur un terrain de sport, l'arbitre jouait au ballon tout en imposant les règles de jeu. Comment peut-il ne pas devenir un « sifflet noir »[3] ?

Ceux qui font des affaires en Chine savent tous que le pouvoir le plus important, le plus essentiel dans ce pays s'appelle le pouvoir « d'examen et d'approbation » (*shenpi*). Vous créez une société ? Il faut *shenpi*. Vous demandez une licence d'importation ? Vous avez besoin de louer du terrain ? Vous

---

1 Nom donné à une bande mafieuse très influente, notamment à Shanghai avant 1949.
2 Hu Jin-tao a été secrétaire (1982-1984) ensuite premier secrétaire (1984-1985) au Comité central de la Ligue de la Jeunesse communiste de Chine.
3 Métaphore populaire faisant allusion aux arbitres partiaux qui ont reçu des pots de vin.

devez passer par *shenpi*. Ce pouvoir d'examen et d'approbation rapporte parfois gros à certains fonctionnaires.

Dans l'économie de marché à la chinoise, le pouvoir est une marchandise, même celui de la nomination des cadres. Monnayer les postes à responsabilité est une vieille tradition de l'Empire du Milieu.

Ainsi, à tous les niveaux, des clans se sont formés, des oligarchies en quelque sorte. Ils ont largement profité de la réforme du secteur public et, en usant de leur pouvoir, ont prélevé une partie de la « propriété du peuple tout entier » pour leur enrichissement personnel. Il suffit de dresser une liste des postes occupés par les membres des familles des dirigeants chinois centraux et provinciaux pour comprendre qu'ils disposent d'un pouvoir immense et qu'ils possèdent également des fortunes gigantesques. Par conséquent, le maintien au pouvoir, pour les dirigeants communistes, ne vise nullement à « défendre la ligne révolutionnaire » ou à « lutter pour la grande cause communiste » comme du temps de Mao, mais devient une affaire qui concerne la défense et la préservation de leurs intérêts personnels, de ceux de leurs familles et de leurs descendants.

Dans ce contexte, il est normal que la réforme du système rencontre de fortes résistances. La déclaration de patrimoine par les agents de l'Etat, par exemple, banale dans les pays démocratiques, reste une mesure « à l'étude » : 97% des fonctionnaires s'y opposent, et pour cause.

Autre exemple : « la corruption de la Roue » qui fait allusion aux dépenses astronomiques en voitures de fonction en Chine. Dès la fin des années 90, de nombreux délégués de l'Assemblée Populaire ont souligné la nécessité de réduire les dépenses en voitures de fonction : 300 milliards de yuans, soit plus de 30 milliards d'euros, dépensés annuellement pour quelque 3,5 millions de voitures de fonction utilisées, pour 2/3 du temps, par les familles et les chauffeurs. Après des années de « réforme », selon les statistiques publiées par les autorités centrales en novembre 2007, le nombre de voitures de fonction s'est élevé à 5,2 millions et les dépenses ont doublé pour atteindre 600 milliards de yuans, contre 181,7 milliards pour la défense nationale et 76,1 milliards pour les subventions à la protection sociale. La CCTV, chaîne de télévision officielle, a révélé, début 2009, qu'en dehors des voitures de fonction, les dépenses en réceptions (bombance et ripaille) et en voyages à l'étranger des fonctionnaires se chiffraient chaque année à 200 milliards et à 300 milliards de yuans.

Voici une blague qui circule sur Internet : « Pour battre les Etats-Unis, il suffit que la Chine leur parachute 600 000 de ses fonctionnaires ».

Le plus inquiétant est la corruption du système judiciaire. On peut établir une longue liste des juges des Cours Suprêmes de différentes Provinces, voire de la Cour Centrale, jugés et condamnés pour corruption ces dernières années.

Bon nombre de cadres corrompus le sont devenus à cause des… femmes. La tradition chinoise de « l'épouse et des concubines » revit de plus belle, notamment parmi les fonctionnaires et les hommes d'affaires. Les statistiques montrent que sur la centaine de hauts cadres et de ministres condamnés depuis dix ans, 90% entretenaient des maitresses. Au palmarès, l'ancien responsable de la Direction de la Construction de la Province du Jiangsu, un certain Xu, détenait le record de 146 maîtresses… avant de prendre le chemin de la prison.

La corruption et les privilèges dont jouissent les hauts fonctionnaires suscitent un tollé général et sont la cause de nombreux conflits violents (y compris les évènements de Tiananmen en 1989). La population éprouve souvent une joie malsaine quand les organes de gouvernement sont attaqués. Un exemple frappant est celui d'un jeune étudiant qui, révolté par les maltraitances infligées par la police, est allé se venger au Commissariat de police du District Zabei à Shanghai, tuant 6 policiers et en blessant 4 autres. Au lieu de condamner cet acte de violence, beaucoup de Chinois ont considéré l'assassin comme un héros.

Conscientes des tensions montantes entre les pouvoirs publics et la population, les autorités centrales, notamment depuis l'arrivée au pouvoir de Hu Jin-tao, ne cessent d'affirmer leur forte détermination à combattre la corruption.

D'après les chiffres officiels, plus de cinq millions de fonctionnaires ont été condamnés pour corruption entre 1978 et 2007 et, depuis 2000, une centaine de cadres ayant rang de ministres ou gouverneurs de province sont tombés, dont huit ont été exécutés. Cheng Ke-jie, ancien Vice-Président de l'Assemblée Populaire Nationale, fut le plus haut cadre chinois condamné à mort pour corruption, puis exécuté (2000).

Cependant, comme le terrain est particulièrement fécond et qu'il n'existe pas de vrais contre-pouvoirs, la corruption est, selon une expression chinoise, comme les poireaux sauvages : plus on les coupe, plus ils repoussent. D'ailleurs, la lutte anti-corruption est souvent un moyen d'éliminer ses ennemis politiques. Jiang Ze-min, placé au sommet par la Vieille Garde après l'écrasement du mouvement étudiant de 1989, a fait condamner son principal concurrent, l'ancien N°1 de Pékin, Chen Xi-tong[1], à 16 années d'emprisonnement, sur des chefs d'accusation ridicules. En 2006, Hu Jin-tao a réitéré cet exemple aux dépens de la « bande de Shanghai » dont le chef, Chen Liang-yu[2], a été accusé de corruption et condamné à 18 ans de prison. L'organe de contrôle (la Commission de la supervision disciplinaire du Comité Central du Parti) fait trembler tout cadre du Parti « invité à prendre un café », jargon signifiant la mise en examen suivie, le plus souvent, de perte de liberté et de condamnation. Il s'agit d'un pouvoir parallèle tout-puissant et un outil de répression commandé par le sommet qui, lui-même, n'est pas contrôlé.

Pour sauver le Parti d'une corruption dévastatrice, Hu Jin-tao a recours à des moyens musclés de répression, ainsi qu'à des campagnes d'étude et d'éducation répétées. Or, dans un système sans concurrence politique où toute opposition est étouffée, où

---

[1] Chen Xi-tong, né en 1930, maire de Pékin (1983-1992), ensuite secrétaire du Parti de Pékin, membre du Politburo et secrétaire d'Etat. Condamné à 16 ans de prison en 1998 pour corruption, il a été mis en liberté conditionnelle pour cause de maladie en 2006.
[2] Chen Liang-yu, né en 1946, secrétaire du Parti de Shanghai (2002-2006), accusé de corruption, a été condamné en 2006 à 18 ans d'emprisonnement.

les media restent un outil du parti unique et où le peuple n'a pas le droit de choisir ses dirigeants ni de contrôler les dépenses publiques, dans un Etat où le pouvoir passe au-dessus des lois, aucun mécanisme de contrôle ne peut être vraiment efficace. « *C'est la main gauche qui contrôle la main droite d'une même personne*», ironise le peuple.

2.1.8.2 Les forces en jeu dans le paysage politique chinois et les rapports entre elles

Parlant de la « loi historique » selon laquelle les hommes politiques, une fois arrivés au pouvoir, deviennent invariablement corrompus, Mao Ze-dong, à la veille de la conquête du pays par les communistes, avait déclaré: « *Nous avons trouvé une nouvelle voie pour échapper à cette loi. Cela s'appelle la démocratie. Le contrôle démocratique du gouvernement par le peuple est la seule chose qui puisse empêcher le gouvernement de se relâcher* ». Mao, combattant pour la démocratie !

Il prononça également une autre phrase, aussi célèbre : « *La démocratie n'est pas une finalité, mais un moyen* ». Une fois le pouvoir entre ses mains, Mao n'a pas tardé à jeter aux orties ce « moyen » en imposant la dictature du prolétariat dans la tête de chaque Chinois.

Maintenant que l'idéologie a cédé la place aux intérêts matériels et qu'en Chine règne « l'économie de marché du pouvoir », n'est-il pas illusoire d'espérer que le Parti, le plus grand bénéficiaire de cette économie, mette en place une vraie démocratie et se prive ainsi d'énormes profits ? Il est vrai qu'au sein du Parti, certains vieux cadres, après avoir suivi Mao toute leur vie, ont réalisé l'absurdité de leur croyance dans le communisme utopique et militent désormais activement pour la démocratisation du Parti et de l'Etat. Mais ils sont un petit nombre, tous octogénaires, donc incapables de jouer un vrai rôle dans la vie politique chinoise.

Est-ce qu'au moins le peuple chinois, « créateur de l'Histoire » selon la conception marxiste, revendique lui-même la démocratie ? Non plus.

Nous avons évoqué une valeur fondamentale chinoise fondée sur l'idéogramme 和, la paix : on ne se bat que pour avoir de quoi manger, et non pour des idées.

Ce qui a poussé, dans les années 80, des millions de Chinois à se lancer dans la campagne de l'ouverture et de la réforme n'était pas du tout l'idéal de la démocratie ou l'envie de mettre fin à un régime dictatorial. Le vrai moteur, ce fut leur découverte, à travers les media entrouverts, de la richesse et du confort matériel dont jouissaient les peuples des pays capitalistes, qu'ils avaient imaginés vivre dans « le feu ardent et les eaux profondes ». Une image banale montrant à la télévision chinoise la visite de Deng Xiao-ping au Japon a marqué les Chinois : dans une famille ordinaire japonaise, on voyait un gros poste de télévision allumé dans une pièce et personne ne la regardait ! *« Ils sont si riches qu'ils possèdent des gros téléviseurs et peuvent se permettre de ne même pas regarder la télé quand elle est allumée, alors que, chez nous, seules quelques familles privilégiées ont un petit poste en noir et blanc. D'ailleurs, qui ose gaspiller l'électricité comme ça ? »*

A ce moment-là, la démocratie a été perçue comme un moyen bien utile. « *Ils sont riches parce qu'ils ont la démocratie* ».

Trente ans ont passé, cette vision a changé. Les Chinois ont constaté qu'un régime totalitaire pouvait également apporter la richesse et s'avérait même plus efficace en cas de crise. Alors, à quoi sert cet « outil » qu'est la démocratie ? Obtenir le droit de vote leur donnerait peut-être un sentiment de satisfaction. Mais les autorités les mettant en garde contre les conséquences catastrophiques, tel le « désordre social », que cela pourrait entrainer, ils préfèrent y renoncer. Aussi, le modèle occidental de démocratie perd-il de son charme aux yeux d'une bonne partie de la population.

Quant aux dizaines de milliers de manifestations recensées chaque année dans le pays, elles ne soutiennent pas de vraies revendications démocratiques mais sont plutôt des mobilisations locales portant sur des problèmes particuliers comme la saisie des terres, le non-paiement d'indemnités, les affaires de corruption, d'atteintes à la santé ou de pollution.

La démocratisation en Chine peut-elle résulter de la pression internationale ? Depuis longtemps, l'Occident y a cru et s'en est fait presqu'un devoir : mentionner les Droits de l'Homme et la Démocratie était obligatoire dans les discours officiels des dirigeants de pays occidentaux qui rencontraient leurs homologues chinois, et ce jusqu'aux J.O. de Pékin. Cette pression avait produit des effets positifs dans l'amélioration des conditions des Droits de l'homme en Chine. Or, depuis les J.O. et surtout après l'éclatement de la crise économique de fin 2008, le rapport de forces a rapidement évolué en faveur de la Chine qui, meilleure élève de l'économie de marché, devient le principal moteur de la croissance mondiale. Dans ces circonstances, donner des leçons aux Chinois serait complètement déplacé. « On ne critique pas son banquier », a écrit un journaliste américain.

Alors, quelle est la vraie force motrice de la réforme du système politique puisque, pour le moment, elle ne peut provenir ni de l'intérieur du Parti, ni des masses populaires, ni de l'étranger ?

M. Qin Xiao, président du China Merchants Group, dans un discours, a soulevé une question : Quelle est la différence entre *la modernisation* et *la modernité* ? Selon lui, la *modernisation*, dans le contexte chinois, a pour seuls critères les indices économiques et matériels, tandis que la *modernité* se définit en deux dimensions : les valeurs et le système. D'abord, elle consiste en toute une échelle de valeurs préconisées par l'Europe depuis le Siècle des Lumières, incluant le Droit, la Liberté de l'Individu et la Raison. Ensuite, elle implique la mise en place d'une structure politique et sociale, d'un système qui garantit la réalisation de ces valeurs : l'économie de marché, le régime démocratique et l'Etat-nation. M. Qin a insisté sur le fait que la Chine, ayant atteint un certain niveau de *modernisation* par des indices économiques (comme le taux de croissance) défiant toute concurrence, doit obligatoirement accéder à *la modernité*, c'est-à-dire posséder des valeurs et un système ayant un caractère d'universalité et d'exemplarité. Son message était clair : Après trente ans de croissance économique, la Chine doit entrer dans une nouvelle phase de développement et se préparer à la réforme des valeurs et du système politique.

Quelle conclusion tirer de ces propos? Vu la faible pression venant de l'intérieur du Parti, des masses populaires et de l'étranger, où est donc la perspective de « la réforme des valeurs et du système politique », pourtant déterminante pour l'avenir de la Chine ? Quel rôle joueront les gens comme M.Qin Xiao dans ce processus ?

Nous proposons d'analyser les différentes forces en jeu dans le paysage politique chinois pour distinguer plus clairement les orientations que la Chine pourrait suivre.

Le courant d'idées dominant depuis trente ans, notamment depuis les évènements de Tiananmen en 1989, est ce qu'on appelle le *Nouvel autoritarisme*, développé sur le modèle du Singapour de Lee Kwan Yew[1], qui consiste en un système politique autoritaire mais éclairé, d'apparence démocratique mais inspiré du modèle confucéen, c'est-à-dire ouverture et adhésion à l'économie de marché, conservatisme et prudence dans le domaine politique. Cette doctrine, plutôt centriste, convient bien au besoin des autorités chinoises qui souhaitent développer l'économie du pays sans remettre en cause le maintien au pouvoir du parti unique. Elle correspond aussi, pour le moment, à l'intérêt de la majorité de la population qui, malgré les mécontentements face à l'inégalité sociale et à la corruption, souhaite maintenir la stabilité du pays, leur permettant d'espérer un avenir meilleur grâce à la croissance continue. Cependant, l'économie socialiste de marché, qui a fonctionné pendant trente

---

1 Lee Kwan Yew, né en 1923, Premier Ministre de Singapour pendant trente et un ans (entre 1959 et 1990), est considéré comme l'auteur du « miracle de Singapour ».

ans, est arrivée à un tournant, où l'on ne peut plus fermer les yeux sur la schizophrénie entre la politique et l'économie. Le *Nouvel autoritarisme* apparaît aujourd'hui comme une vieille arme usée qui perd de plus en plus son efficacité et sa crédibilité.

A gauche, les adeptes du marxisme-léninisme-maoïsme, qualifiés de « Vieille Gauche » n'ont plus leur aura d'antan, tandis qu'une « Nouvelle Gauche » est apparue depuis une dizaine d'années. Sa composition est très complexe. D'abord des nostalgiques. Ce sont les « laissés-pour-compte », notamment les ouvriers et les petits cadres retraités qui vivent dans une grande précarité. Ils nourrissent une nostalgie de l'époque de Mao, quand le peuple était pauvre mais traité avec égalité (excepté si on était « ennemi de classe ») et les cadres étaient, dans l'ensemble, dévoués et intègres. Depuis une dizaine d'années, les nationalistes, plus ou moins radicaux, tels les auteurs du pamphlet *La Chine n'est pas contente* ont rejoint les rangs de la Nouvelle Gauche. Ils expriment une profonde méfiance vis-à-vis des valeurs universelles prônées par l'Occident et revendiquent une politique du tac au tac face à « la conduite agressive des forces hostiles internationales » pour défendre les intérêts de l'Etat chinois. Certains d'entre eux sont aussi nostalgiques de Mao qui, selon eux, avait fait preuve du *caractère chinois* face aux impérialistes américains ou soviétiques. Cette « faction *Eagles* », qui tend à gagner de plus en plus de jeunes, loin de constituer une force homogène, exerce relativement peu d'influence sur la politique générale de l'Etat.

A droite, considérée comme l'Opposition par les pouvoirs publics, les *libéraux* (comme les signataires de La Charte 08) demandent un changement radical du régime politique en Chine et l'introduction de la séparation des pouvoirs, le pluripartisme, la liberté d'expression... Par moments très influente (la période de l'avant Tiananmen par exemple), cette catégorie, principalement composée d'intellectuels, voit diminuer le nombre de ses partisans dans la population qui juge leurs revendications fantaisistes et préjudiciables au maintien de la stabilité, garant de la prospérité du pays.

L'année 2008 a vu émerger un duel entre la Droite libérale et la Gauche (Vieille et Nouvelle réunies) au sujet des valeurs universelles.

Tout a commencé avec un article, paru le 22 mai 2008, dans l'hebdomadaire *Nanfangzhoumuo* (*Le week-end du Sud*), intitulé « Le traumatisme du séisme de Wenchuan donnera naissance à une Chine Nouvelle ». L'auteur déclare que la lutte anti-séisme marque « un tournant vers l'intégration totale de la Chine dans la civilisation moderne » et que « nous irons avec le monde entier sur la grande route des Droits de l'Homme, de la gouvernance par la loi et de la démocratie ». Cet article a suscité une riposte immédiate de certains journaux du Nord tels *Le Quotidien de Pékin, Le Soir de Pékin* et *Global Times*. Ces valeurs peuvent-elles se prétendre « universelles » quand la Chine, forte de 1,3 milliard d'hommes, n'est pas d'accord avec elles ou ne les pratique pas ?

A la fin, sont montés au créneau deux « poids lourds » : le Président de l'Assemblée Nationale Populaire et celui de la Conférence politique consultative du Peuple chinois[1]. Ces deux principaux dirigeants de l'Etat ont fustigé sans ambages les valeurs universelles occidentales et exprimé une ferme détermination à « ériger une ligne de défense solide contre les interférences des idées erronées du système pluripartite et de la séparation des trois pouvoirs défendues par l'Occident ». Ils affirment qu'il s'agit d'une « lutte à la fois aiguë et complexe sur le plan idéologique » contre « les forces hostiles tant intérieures qu'extérieures ». Dans les journaux à tendance libérale, le terme « valeurs universelles » a disparu, même s'ils continuent d'en défendre les principes, à mots couverts.

Fin 2008, La Charte 08, le manifeste politique de « La Droite Libérale », a été complètement *harmonisée* (terme ironique utilisé par des internautes chinois, synonyme de « bloquée » ou « interdite ») en Chine, et son initiateur, Mr Liu Xiao-bo, arrêté

---

1 Equivalents du Parlement et du Sénat en Occident mais dont la nature est foncièrement différente.

pour activités subversives. Mis sous pression, les libéraux ont peu de marge de manœuvre, du moins pour le moment.

Reste « La Nouvelle Aile Droite ». Elle est née avec l'émergence de toute une génération de chefs d'entreprises, publiques et privées (en dehors des « grands patrons » intégrés à l'appareil du pouvoir), de la classe moyenne grandissante (évaluée à 80 ou 100 millions de personnes), et, surtout, l'arrivée au pouvoir des *Returnees*, ceux qui ont étudié et travaillé en Occident. Forts de leurs connaissances et expériences professionnelles, ces entrepreneurs et hommes d'affaires ont un sens aigu de leur responsabilité historique en même temps qu'une vision réaliste de l'état de la Chine. D'une part, ils partagent l'orientation politique des libéraux et approuvent les valeurs universelles telles que les droits de l'individu, l'économie de marché, l'Etat de droit, la démocratie constitutionnelle. De l'autre, ils attachent une grande importance au maintien de l'ordre, condition indispensable, selon eux, à une croissance économique soutenue, et s'opposent donc aux troubles sociaux, comme le mouvement étudiant de 1989, par exemple. Pour eux, la réforme du système politique doit se faire « à petits pas », c'est-à-dire de façon progressive et pacifique. Sur le plan des relations extérieures, ils rejoignent, en partie, la Nouvelle Gauche en ce qui concerne leur détermination dans la défense des intérêts de l'Etat grâce à une politique étrangère autonome et indépendante. Les *returnees* jouissent d'un avantage important : la connaissance de l'Occident et, par conséquent, la compétence nécessaire pour communiquer efficacement avec les Occidentaux.

Contrairement aux libéraux qui considèrent le pouvoir communiste comme un obstacle au progrès de l'histoire, La Nouvelle Aile Droite est favorable à la création d'une synergie d'efforts visant à pousser vers la démocratisation le Parti communiste qui, en acceptant l'économie de marché, a déjà réalisé un progrès considérable. Cette population dispose de moyens financiers importants et d'un réseau étendu au sein du pouvoir. Grâce à leurs opinions modérées et réalistes, donc acceptables par la majorité de la population, cette Nouvelle Aile

Droite a toutes les chances d'arriver à un compromis avec le gouvernement ainsi qu'avec toutes les forces politiques en jeu pour conduire la Chine vers une étape nouvelle, celle de la *modernité*.

2.1.8.3. Quelle Voie pour la Chine ?

Peut-on être optimiste quant à l'avenir de la Chine ?

Nous pensons que oui car, malgré tous les problèmes évoqués, la Chine vit la meilleure période de son histoire, la plus prospère, mais aussi la plus ouverte, la plus proche de la voie qu'elle a recherchée depuis plus d'un siècle.

Ce sera une voie *sui generis*, inspirée en partie de la démocratie occidentale, mais aussi fondée sur son héritage culturel propre.

Après le fiasco que fut l'expérimentation de l'utopie maoïste, Deng Xiao-ping a indiqué une nouvelle voie : « Enrichissez-vous ! ». Cela a permis à des centaines de millions de Chinois de sortir de la pauvreté. Mais maintenant que la plupart des Chinois ont "l'estomac rempli" et les poches pleines (du moins en comparaison avec le passé), le vide spirituel devient un problème perceptible. « *A part l'argent, que nous reste-il ?* » s'exclame-t-on en Chine. La nation est en quête de son identité culturelle. Alors, le regard se tourne, ou plutôt retourne vers... le confucianisme.

Depuis le Mouvement du 4 mai (1919), le confucianisme a été désigné comme la source de tous les maux, et sous le règne de Mao qui, rebelle par nature, détestait Confucius, les traditions ont été attaquées.

Après l'ouverture, la Chine n'a cessé de vaciller entre l'occidentalisation tous azimuts et le retour aux traditions, c'est-à-dire le confucianisme.

Ce retour à l'orthodoxie culturelle vieille de deux mille cinq cents ans sera-t-il efficace pour résister à un Occident perçu comme dominateur ?

Le confucianisme comporte des éléments très justes et valables autant pour la Chine que pour le monde entier. L'Occident peut y trouver matière à équilibrer son individualisme exacerbé. Mais ériger de nouveau cette doctrine en pilier spirituel de la nation serait aussi anachronique que si l'Occident prônait un retour à Socrate. Beaucoup de préceptes du confucianisme sont en contradiction avec la société moderne. Qui, en Chine, voudrait retourner à l'époque où régnaient « les trois grands axes de la relation sociale », à savoir Souverain/Sujet, Père/Fils et Epoux/Epouse ? Qui voudrait aujourd'hui remettre en place les carcans des rites et de la morale confucéens dont le peuple a mis plus d'un siècle à se débarrasser ?

Un siècle s'est écoulé depuis que des jeunes intellectuels chinois ont proposé d'inviter en Chine les fameux *Monsieur D* (Démocratie) et *Monsieur S* (Science). Maintenant, *Monsieur S* est déjà à moitié en Chine (son « corps » est entré, mais pas encore son « esprit » critique), alors que *Monsieur D*, même si les dirigeants chinois font semblant de l'inviter, traîne encore à la porte.

La Chine s'acheminera vers une démocratie « aux caractéristiques chinoises ». Cependant, ce parcours ne pourra pas s'effectuer sans le Parti communiste. Mao avait réussi à neutraliser toute opposition, d'abord au dehors du Parti communiste (par le mouvement anti-droitiste en 1957) puis au sein du Parti (par le mouvement contre « les opportunistes de droite » en 1959). Les soi-disant partis démocrates qui composent « le front uni » et sont censés *participer à l'exercice du pouvoir et contrôler le Parti communiste* ne sont que des appendices de ce dernier et des décors du régime. Hier comme aujourd'hui, quelle force politique peut diriger la réforme et l'ouverture dans un pays aussi vaste, aussi peuplé, doté de traditions aussi profondément ancrées, sinon le Parti communiste ?!

En Occident, par « régime communiste » on entend toujours le système répressif stalinien ou maoïste. Or, le parti communiste chinois d'aujourd'hui a tiré les leçons de son histoire et abandonné la lutte des classes comme seul programme.

Un vieux dicton chinois dit : *Le peuple est comme l'eau qui peut porter le bateau mais aussi le renverser.* Plaçant l'homme au centre, le gouvernement actuel veille davantage sur les « faibles » de la société : les *mingong* (ouvriers immigrants), les retraités et surtout les paysans, victimes de l'expropriation de leurs terres en faveur de l'urbanisation et de grands projets de construction. Le dégrèvement d'impôts pour l'exploitation des terres à partir de 2006, une première dans l'histoire de la Chine, allège considérablement la charge des paysans, et un système de protection médicale est en train de se mettre en place dans les régions rurales. Une loi récente autorise les paysans à transférer, et donc à monnayer, leur droit d'usage de la terre, même si la terre appartient toujours à l'Etat.

Ayant vu satisfaits ses besoins matériels fondamentaux, le peuple chinois commence logiquement à songer à des besoins plus « élevés » comme la liberté d'expression, le droit de savoir, la participation aux décisions, le vrai droit de vote, c'est-à-dire le choix parmi plusieurs candidats réels. Les voix commencent désormais à se faire entendre dans la presse et sur Internet. Le peuple aspire à un Etat plus juste, plus libre, plus transparent.

Dans ce contexte complexe, quelle voie pour la Chine ?

Il apparaît assez vain de prêcher la démocratie et de penser à remplacer le parti communiste (aucune force politique n'en est capable). Il s'agirait plutôt de procéder, graduellement, à des réformes institutionnelles, en commençant par créer un canal institutionnalisé, par la voie de l'Assemblée populaire, permettant au peuple de faire remonter ses revendications jusqu'aux divers échelons du pouvoir ; il faudrait, en même temps, mettre en place un système efficace de responsabilisation des fonctionnaires qui limiterait et affaiblirait leur pouvoir absolu, et permettrait de contrôler et destituer les cadres qui commettent des erreurs ou sont corrompus. Ainsi, « à petits pas », la Chine verrait s'instaurer un Etat de droit et un gouvernement constitutionnel, avant qu'il ne devienne, un jour, authentiquement démocratique.

En Chine, les gouvernements ont beaucoup évolué. Au lieu de se concentrer uniquement sur la croissance économique, sur des « projets de face » visant à plaire aux supérieurs, ils veillent davantage aux problèmes d'environnement et de vie quotidienne du peuple, écoutent davantage les doléances et les propositions des gens ordinaires. Des « nouveautés » apparaissent sans cesse. Par exemple, le 9 décembre 2008, dans le quartier Minhang de Shanghai, s'est tenue une audition ouverte à laquelle ont assisté vingt délégués de l'Assemblée populaire du quartier et vingt représentants des habitants, pour entendre le rapport du gouvernement sur deux projets du budget de 2009 concernant les allocations de vieillesse et donner leur opinion. Du jamais vu en Chine.

Lors du 17ème Congrès du Parti, tenu en octobre 2007, Hu Jintao a avancé un nouveau concept du « quadruple droit du peuple ». Selon lui, le peuple a « le droit de savoir » (*zhiqingquan*), « le droit de s'exprimer » (*biaodaquan*), « le droit de participer » (*canyuquan*) et « le droit de contrôler » (*jianduquan*). Par ailleurs, Hu s'est montré très ferme dans la lutte contre la corruption et parle de « gouvernement ensoleillé » (*yangguangzhengfu*), c'est-à-dire totalement ouvert et transparent.

Tout cela sonne bien, mais dans la pratique, toute mesure de réforme visant à élargir les droits du peuple, autrement dit, à limiter les privilèges des dignitaires, rencontre inévitablement une résistance de ces derniers, soucieux de préserver leurs intérêts. D'ailleurs, comment garantir les droits du peuple à savoir et à contrôler quand les media sont un « outil » du Parti et que les chaines de télévision de toutes les Provinces et Municipalités diffusent en même temps les mêmes informations en provenance de l'Agence Chine Nouvelle (Xinhua), seule autorisée à annoncer les nouvelles ? Pour créer une atmosphère de stabilité apparente, les autorités chinoises resserrent les boulons et contrôlent de plus près les media et l'opinion publique, Internet en particulier.

Malgré ces nombreuses zones d'ombre, les progrès de la société chinoise sont pourtant réels. Finie l'époque où le Grand Timonier pouvait agir à sa guise et ignorer complètement la volonté et les besoins du petit peuple !

Aujourd'hui, en Chine, une société civile est en train de gagner en maturité, notamment grâce à Internet. Les dirigeants d'opinion, les élites des milieux industriels et commerciaux, constituent une force de pression de plus en plus influente, avec laquelle les autorités sont obligées de compter.

2.2. L'Occident face à l'émergence de la Chine

2.2.1. Arrogance et hypocrisie

L'Occident est-il prêt à réussir cette troisième rencontre qui revêt une signification vitale, pour lui comme pour la Chine ?

Force est de constater que l'Occident, bien que conscient de l'opportunité que présente la montée en puissance de la Chine, la perçoit plutôt comme une menace.

Tout comme un champion sportif, menacé par un concurrent puissant, craint de devoir laisser sa place sur le podium, l'Occident ne veut pas quitter le fauteuil de leader mondial qu'il occupe depuis cinq siècles. C'est le cas des Etats-Unis, tentés de mettre des bâtons dans les roues à la Chine afin d'empêcher, ou du moins retarder, son émergence comme superpuissance. Le conflit d'intérêt qui oppose l'Occident à la Chine se traduit par une tentative d'endiguement (*containment*).

Sur le plan économique, la question des délocalisations est centrale.

Les délocalisations portent avec elles des transferts de technologies et de savoir-faire. Les entreprises occidentales ont été nombreuses à délocaliser de leur plein gré. Elles approvisionnent leurs marchés, au Japon et en Occident, avec des produits de qualité[1] (car ce sont, le plus souvent, des produits conçus en Occident) fabriqués à des coûts très bas qui profitent aux consommateurs du monde entier. Naturellement, elles construisent leurs concurrents de demain. Ceux-ci sont déjà là : Haier (électroménager), Lenovo (PC), par exemple, après avoir appris, l'un de Liebherr, l'autre d'IBM, mènent désormais leur barque en toute indépendance, occupant l'essentiel du (formidable) marché chinois, et commencent à exporter. Ce sont les "champions nationaux" de la Chine.

Peut-on blâmer la Chine de faire ce que tous les pays ont fait auparavant : apprendre des autres avant de se lancer à son tour ? Les Etats-Unis ont tout importé d'Europe, puis lui ont tout rendu, au centuple, après la Deuxième Guerre Mondiale. Carrefour, Accor, pour ne citer que ceux-là, ont appris des Américains avant de les dépasser. Les Japonais ont acquis, à bas prix, les technologies existantes, entre 1945 et 1985. Depuis, ce sont eux qui, au contraire, délocalisent et transfèrent leurs technologies.

Au total, ces vastes mouvements qui sont l'essence même du processus, permanent, de globalisation, enrichissent le monde dans un esprit de *gagnant-gagnant*. Ce n'est pas facile à expliquer aux "perdants immédiats", ceux qui voient leur emploi émigrer au loin, mais même eux sont bénéficiaires... en tant que consommateurs d'abord, puis plus tard, avec l'arrivée de nouveaux emplois issus de la Recherche et du Développement... ou de délocalisations à l'envers. Car demain, les Champions

---

[1] Les problèmes de qualité, concernant certains jouets et produits alimentaires, qui ont défrayé la chronique, sont réels mais très minoritaires. Ce sont davantage des accidents nés d'une trop grande pression (souvent occidentale) sur les prix obligeant les fabricants chinois à commettre des imprudences. Les quelques arbres ne doivent pas cacher la forêt des produits chinois de bonne qualité, vendus à des prix très compétitifs et dont bénéficient les consommateurs occidentaux.

Nationaux chinois vont s'installer, à leur tour, en Occident. Avec la crise financière, cette tendance s'est accélérée.

Face à la montée de la puissance chinoise, les Occidentaux, dans leur ensemble, sont partagés entre des sentiments contradictoires : admiration mais aussi jalousie et incompréhension, tout comme la vieille aristocratie regardait la nouvelle classe de la bourgeoisie monter avec une énergie inégalée.

Comment prendre en compte cette nouvelle donne ? Un conflit d'intérêts est inévitable mais comment va-t-on le gérer ?

Depuis vingt ans, on a vu se profiler toutes sortes de prévisions sur la Chine : tantôt c'est l'effondrement ou l'apocalypse, tantôt ce sont les menaces, militaire, économique, énergétique, céréalière, environnementale... Tout cela reflète la difficulté pour l'Occident d'accepter la Chine comme un partenaire à part entière.

Au fond, l'Occident se comporte comme le nouvel empire du milieu. Il désire « aider » la Chine à se démocratiser comme un adulte tend la main à un enfant qui apprend à marcher : un complexe de supériorité anachronique et déplacé. On oublie que, devant cette civilisation vieille de six mille ans, c'est l'Occident qui est un enfant.

Cela n'est pas surprenant. La montée de la Chine a été fulgurante, si bien que l'Occident n'a pas eu le temps de s'y habituer, encore moins de bien en analyser les multiples conséquences. La crise financière de 2008 n'a toutefois pas tardé à enseigner au monde entier cette vérité : la croissance de la Chine est un moteur puissant de l'économie mondiale tandis que son effondrement serait une catastrophe pour nous tous.

En plus de son arrogance, un legs de l'histoire, l'Occident est également déchiré entre la poursuite du profit et les valeurs qu'il est censé représenter et défendre.

A la suite des émeutes au Tibet en 2008, des Chinois ont appelé au boycott des produits français, notamment des magasins

Carrefour implantés, par dizaines, en Chine[1]. Les ventes dans ces hypermarchés ont considérablement chuté. Les dirigeants de Carrefour se sont alors empressés de faire des déclarations dans les magasins ainsi que sur les autobus pour affirmer leur innocence. Voilà une preuve de la vulnérabilité des firmes internationales, portées par la crainte viscérale de perdre un marché. Les dirigeants chinois s'en sont déjà aperçus dès l'embargo imposé à la Chine par l'Occident, au lendemain du massacre de Tiananmen.

Devant le dilemme entre le gain et l'éthique, l'Occident hésite, loin de faire bloc. D'une part, on entend des critiques : la Chine ne respecte pas les Droits de l'Homme, la Chine exploite les ouvriers venus de la campagne et fait travailler les enfants, la Chine pollue, etc. D'autre part, les commandes continuent d'affluer pour acheter les produits bon marché *made in China*. A la fin, c'est toujours la *Realpolitik* qui prévaut.

2.2.2. L'ignorance et les préjugés

L'ignorance de beaucoup d'Occidentaux sur la Chine est une réalité préoccupante. Peu de gens en Occident s'intéressent à ce qui se passe dans ce pays « lointain » et ils sont encore moins nombreux à connaitre son histoire, sa littérature ou sa philosophie. A l'avènement de la Chine comme superpuissance sur la scène internationale, l'Occident n'est nullement préparé. Ni les écoles, ni les media n'ont assumé leur rôle d'instruire, de préparer la population à connaître la Chine et à travailler avec les Chinois, ce concurrent inévitable. Dans les cursus des lycées, des universités, ou même des écoles de commerce, combien y a-t-il de cours programmés sur la Chine ?

Interrogez les Occidentaux, même ceux qui ont fait des études supérieures, sur ce qu'ils savent de la Chine. L'histoire chinoise ? C'est « *Le dernier Empereur* » et quelques autres films. Les actualités ? C'est la forte croissance, les problèmes des Droits de l'Homme, la pollution, le Tibet...

---

1 Selon des rumeurs en circulation en Chine, le groupe Carrefour aurait subventionné les Tibétains en exil.

Comparativement, les Chinois connaissent beaucoup mieux l'Occident, grâce à leur éducation scolaire, au grand nombre de publications, aux media et surtout à leur intérêt réel d'apprendre. Interrogez n'importe quel jeune Chinois instruit. Qui n'a pas lu Balzac, Dickens, Marc Twain ou Cervantès ? Qui ne connaît pas l'histoire de la Révolution française ou de la Guerre d'Indépendance en Amérique ? Qui n'est pas au courant des actualités européennes ou américaines ?

Cet important déséquilibre dans la connaissance mutuelle place l'Occident dans un rapport très défavorable.

Ce qui est encore plus préoccupant, c'est que la vision des Occidentaux est encombrée de stéréotypes.

Certaines idées préconçues sont liées à une vision de la Guerre Froide. On est habitué aux étiquettes. Pour beaucoup, le terme « communiste » est encore synonyme de répression *à la Staline* ou *à la Mao*. Or les changements survenus en Chine depuis trente ans ont remis en cause cette réalité. Pour la comprendre dans sa complexité, il faut d'abord se débarrasser de tout préjugé.

Nous vivons une époque où l'abondance de l'information, amplifiée et déstructurée par les *blogs* sur Internet, n'empêche ni la désinformation ni la caricature. L'esprit critique, pierre angulaire de la civilisation occidentale, s'estompe, et on regarde la Chine à travers un miroir déformant et réducteur ou, selon une expression chinoise, à travers des « lunettes teintées ». Récemment, une jeune Française a boycotté une conférence sur la Chine en signe de protestation contre son « invasion du Tibet ». Les Chinois se demandent si la France d'aujourd'hui est encore le pays de Voltaire, de Rousseau, de Camus ou de Raymond Aron…

2.2.3. Les contre-exemples de la démocratie

Après l'ouverture de la Chine et pendant de nombreuses années, l'Occident, notamment l'Europe, a été très apprécié des Chinois, non seulement pour les hautes technologies, les produits de luxe, l'art de vivre, mais aussi pour le système social et politique. Maintenant, cette image est troublée, et ceci pour de nombreuses raisons.

En premier lieu, l'Amérique a beaucoup perdu de son aura depuis la Guerre en Irak. Le gouvernement chinois a publié, à plusieurs reprises, un Livre Blanc sur l'état des Droits de l'Homme aux USA, relatant de nombreux actes de brutalité commis par les soldats américains en Irak.

Dans le domaine des affaires, l'attitude perçue comme égoïste des Américains, suscite également des réactions négatives. Le choc culturel est un obstacle aux bonnes relations commerciales.

L'Europe bénéficiait d'une image plus humaine aux yeux des Chinois. Dans les milieux culturels et académiques, en particulier, nombre d'intellectuels chinois admiraient la civilisation européenne.

Or, ces dernières années, la Chine a dépassé en PIB tous les pays européens, l'un après l'autre. Ceux qui ont séjourné en Europe ont rapporté l'image d'une Europe vieillie, engoncée dans ses acquis, entravée par un immobilisme structurel, ce que les Chinois analysent comme les « abus de la démocratie ». Vue de Chine, par les Chinois qui admiraient l'Occident et aspiraient à l'imiter, la démocratie est en train de dégénérer en démagogie électorale, en neutralisation d'énergie, en abus des droits. Ils constatent, avec une certaine déception, que le modèle social occidental, jadis idéalisé, présente de graves défauts et a du mal à être réformé pour s'adapter aux nouvelles conditions du monde. Dans une société trop individualiste, les droits, érigés en principes sacrés et inaliénables, peuvent freiner voire bloquer toute possibilité de réforme ou de progrès. Toujours vue de Chine, la démocratie tend à transformer les hommes politiques en politiciens ayant pour unique souci de gagner les élections, rejetant systématiquement ce qui vient du camp opposé. Cela rappelle le comportement de nombreux Chinois pendant la Révolution culturelle, qui suivaient littéralement cet enseignement de Mao « *Nous soutenons tout ce à quoi s'oppose l'ennemi et nous nous opposons à tout ce qu'il soutient* ».

Un intellectuel chinois, amoureux de la France depuis son enfance, nous a cité quelques exemples d'abus de la démocratie qui l'ont consterné et dont nous lui laissons la responsabilité :

A Paris, on parle depuis longtemps d'un projet pour un troisième aéroport. La droite choisit un endroit, la gauche s'y oppose. La gauche choisit un endroit, la droite est contre. Jamais l'unanimité ne se fait. Alors le projet est reporté aux calendes grecques. Quand la démocratie donne un tel exemple d'inefficacité, peut-elle attirer les autres peuples ?

Un autre exemple : en 2005, un bateau de la SNCM Corse a été détourné par une poignée de syndicalistes radicaux, au nom d'une revendication qu'ils jugeaient légitime. Pour les Chinois, c'est un acte illégal qui mériterait la prison au même titre qu'un détournement d'avion. Que l'on puisse, dans l'intérêt d'une infime minorité de personnes, prendre des centaines de milliers de voyageurs en otages, en bloquant une gare ou une route, occuper des pistes d'aéroport, voire menacer de dynamiter une usine, causant ainsi des pertes économiques importantes, est pour moi proprement incompréhensible. L'Etat semble être devenu impuissant. Cette démocratie du « chacun pour soi », nous ne la voulons absolument pas chez nous, dit-il.

Un autre contre-exemple a été la grève, en 2008, dans les Universités françaises. Une minorité d'étudiants avait bloqué l'entrée des salles de classe pour empêcher les enseignants et d'autres étudiants d'aller en cours. En citant cet exemple, notre ami s'est exclamé : *si Confucius avait été le témoin de scènes semblables, il aurait dit : voilà un pays barbare* !

Les Chinois ont ainsi constaté que l'Occident, tout en restant « arrogant », souffrait pourtant des abus de la démocratie et ne donnait plus l'exemple de son efficacité, comme par le passé. Dans ces circonstances, comment accepter les leçons données par les hommes politiques occidentaux sur les Droits de l'homme et les « valeurs universelles » ?

Cet état des lieux sans complaisance montre une réalité : la troisième rencontre Occident-Chine, amorcée il y a trente ans et qui s'annonçait euphorique, voit déjà germer les conflits sur tous les plans : politique, économique, culturel et philosophique. Cette situation est aggravée par un déséquilibre de la connaissance réciproque, qui constitue un sérieux handicap pour une vraie compréhension mutuelle et une bonne entente entre deux grandes civilisations.

Deuxième Partie
Comment éviter le grand malentendu ?

Pour que la troisième rencontre entre la Chine et l'Occident n'aboutisse pas, comme les deux premières, à un rejet mutuel, voire un conflit majeur, il faut aller à la racine des malentendus et, avant tout, remédier au déséquilibre en connaissance réciproque.

Les Français disent : c'est du chinois, c'est un casse-tête chinois ou encore, ce sont des « chinoiseries » pour parler des choses compliquées ou inintelligibles.
Comment raisonne un Chinois ? Pourquoi ce Pays du Milieu balance-t-il toujours entre des extrêmes ? Qu'y a-t-il derrière la « face » chinoise ? Pourquoi les Chinois préfèrent-ils les détours plutôt que l'approche directe? Pourquoi cette vieille civilisation, réputée immobile, a-t-elle fait preuve d'une capacité inouïe de rebond et est revenue, en un rien de temps, au devant de la scène mondiale ? Comment explique-t-on tant de paradoxes ? Ce sont autant d'énigmes pour les Occidentaux.

La civilisation chinoise, plusieurs fois millénaire, est comme une « boîte noire ». Celle-ci est au centre même de l'identité chinoise, cachée aux yeux des Occidentaux mais aussi à ceux de la plupart des Chinois qui l'ont intériorisée sans pouvoir l'exprimer et l'expliquer.

En fait, la boîte noire chinoise comporte elle-même de nombreuses boîtes noires. Peut-on alors trouver la clé pour les ouvrir ou, au moins, y accéder en partie ?
Comme l'écriture chinoise est le véhicule par excellence de la civilisation, des valeurs et de la manière de penser, nous proposons une approche innovante qui consiste à décrypter des pictogrammes chinois dont chacun recèle des « secrets » d'une ou de plusieurs boîtes noires de la pensée et de la mentalité chinoises.

Cette approche a été développée par l'un des deux co-auteurs de ce livre, Zheng Lu-nian, Chinois biculturel qui réfléchit depuis plus de vingt ans au sort de son pays, essayant d'aider les Occidentaux, notamment les Français, à mieux comprendre ses compatriotes. Ce regard introspectif est enrichi par la pratique de Daniel Haber, l'autre co-auteur, qui, à travers ses quarante ans d'expérience des affaires en Asie, a intégré le fait que les « malentendus », inévitables, pouvaient être gérés à partir du moment où l'on en prenait conscience. Mis en évidence, ces malentendus peuvent être analysés et dépassés afin que le choc de civilisations soit évité et que la coopération l'emporte. C'est ce qu'il enseigne pour les entreprises qui sont confrontées à ces défis culturels.

L'enjeu est de taille : la mondialisation, phénomène économique et technologique mais aussi sociologique, ne peut s'épanouir que par une entente de toutes les civilisations. Il appartient à deux d'entre elles, l'occidentale et la chinoise, parce qu'elles sont entrées dans la modernité, de donner le bon exemple.

Première sous-partie :
« La boîte noire » chinoise

La Chine et l'Occident sont deux civilisations, anciennes et riches, mais foncièrement différentes à bien des égards car les valeurs qui les portent se trouvent souvent aux antipodes. Accéder à la « boîte noire » de l'autre, c'est tenter d'aller au plus profond d'une culture, de scruter les non-dits qui échappent même aux hommes nés dans cette culture. Cette tentative exige avant tout une grande humilité, une capacité à se remettre en cause et, surtout, de changer de paysage mental.

L'approche que nous proposons n'est pas la voie de la facilité. Elle se révélera efficace, parce que l'écriture chinoise, jamais « alphabétisée »[1], est composée de pictogrammes ou idéogrammes dont le pouvoir évocateur permet, sans filtre, de pénétrer l'univers chinois.

Ce voyage s'effectuera avec trois caractères jugés révélateurs et choisis comme portes d'entrée de la boîte noire chinoise.

Les voici :
中 *zhong* Milieu/Centre
易 *yi* Mutations ou Transformations et
心 *xin* Cœur

---

[1] Au contraire de la langue japonaise qui a introduit deux « alphabets », katakana et hiragana, pour compléter les kanji (les idéogrammes venus de... Chine).

Chapitre I - Toujours au Milieu
中 *zhong*
Milieu/Centre

Zhongyong, comme vertu, est au faîte. – Confucius

1. *Zhong* - le point cardinal qui domine

Fixez bien ce caractère. Il représente une flèche qui traverse le milieu d'une cible. Il est de la plus haute importance.

Pour les Occidentaux, il existe quatre points cardinaux : est, ouest, nord, sud. Les Chinois en repèrent cinq : est, ouest, nord, sud et le MILIEU – *zhong*. *Zhong* est loin d'être un simple point cardinal de plus. Il est le seul qui vaille car c'est *zhong* qui domine, qui détermine, qui ordonne ; les autres points ne sont que des dépendances et des auxiliaires qui ne peuvent en aucune façon égaler *zhong*.

Mao Ze-dong a dit : « est, ouest, sud, nord, milieu ; Parti, administration, armée, civils, étudiants, c'est le Parti qui dirige tout ».

En Chine, à la simple mention de *zhongyang* (centre), n'importe qui comprendra immédiatement qu'il s'agit de *dangzhongyang*, le Comité Central du Parti, l'organe décisionnel suprême ou de *zhongyangzhengfu*, le Gouvernement Central, l'organe exécutif suprême. La télévision *zhongyang*, la CCTV (China Central TV), est le seul canal officiel de diffusion des informations. On peut voir ainsi l'extrême importance de *zhong* aux yeux des Chinois et dans la vie politique en Chine.

2. *Zhong* - un lieu éminemment fécond

Le concept *Zhong* a une dimension philosophique, donc abstraite, mais aussi une connotation matérielle, donc concrète. *Zhong* se trouve partout et nulle part ; il est plein et vide ; il est immuable et mouvant.

Selon la conception chinoise, le Ciel et l'Homme ne font qu'UN. Entre Ciel et Terre, c'est *zhong*. C'est donc un lieu d'échanges féconds où passent les *qi* (prononcez tchi), souffles vitaux qui engendrent les vies.

Regardez le nom de ce pays, en chinois :
中国 *Zhongguo*
Pays du Milieu.

Dans l'Antiquité, *Zhongguo* a été pendant longtemps une désignation plutôt vague, appelée dans la plupart des cas *huaxia* (beau vaste pays) ou *zhongyuan* (les plaines centrales) où habitaient les *han*, l'ethnie qui représente aujourd'hui 93% des Chinois. Le pays se nommait « du Milieu » parce qu'il était entouré par des peuples considérés comme barbares : les *yi* à l'Est, les *man* au Sud, les *rong* à l'Ouest et les *di* au Nord. Ils étaient, aux yeux des *han*, des primitifs vêtus de plumes d'oiseaux ou de peaux d'animaux, aux pieds palmés, habitant dans des cavernes, qui n'avaient pas encore maîtrisé la technique du feu et donc mangeaient des nourritures crues. *Zhongguo* signifiait donc « pays civilisé », si bien que des pouvoirs instaurés par des ethnies minoritaires s'autoproclamaient *Zhongguo* pour s'attribuer le caractère de "civilisé" et rabaisser leurs adversaires au rang de « barbares ». Par conséquent, dans la tête des Chinois, *zhong* est synonyme de civilisation, c'est le Pays des Rites (confucéens) qui devait jouer un rôle civilisateur et enseigner ces rites aux voisins barbares qui les ignoraient.

Zhong n'est pas une notion géographique fixe, c'est un lieu indéterminé, mouvant. La civilisation chinoise, née dans le bassin du Fleuve Jaune, dans le nord de la Chine actuelle, a évolué d'abord d'ouest vers l'est, ensuite basculé du nord vers le sud, par la mouvance de la population, les incursions voire les invasions incessantes des peuples du nord, le développement de l'agriculture mais aussi du commerce vers le sud. Ainsi, une ville comme Xi'an, douze fois capitale des dynasties anciennes, qui se trouve sur le plan géographique plutôt dans l'est du pays, est aujourd'hui, pour les Chinois, dans le Grand Ouest (*daxibei*). La véritable ligne médiane de la Chine, *huazhong* (la Chine centrale) partage la Chine entre l'ouest (2/3) et l'est (1/3).

Zhong est une notion à la fois infiniment grande et infiniment petite. Grande, parce que le rayonnement de la civilisation du Milieu n'a pas de limites. Elle s'étend jusqu'aux « Quatre Mers ». Lors de la cérémonie d'ouverture des J.O. de Pékin, les trois mille disciples de Confucius marmonnaient à l'unisson une parole du Sage : « *Au sein des Quatre Mers, tous sont frères* ». Entendons là une allusion à la grandeur de la civilisation chinoise plutôt qu'à l'amitié fraternelle des peuples du monde pris au pied de la lettre.

Mais, en même temps, c'est aussi une notion infiniment petite, car « *Le ciel est haut, l'Empereur est loin* ». Pour chaque Chinois, *zhong* est son propre foyer, son milieu ou, au grand maximum, le clan dont il fait partie. Il n'est donc point surprenant que dans la langue chinoise la notion de l'Etat - *guo* et celle de la Famille – *jia* se trouvent fusionnées dans un seul mot :

国家 *guojia*

qui a une connotation complexe, à la fois politique (Etat), géographique (Pays) et sentimental (Foyer). Ce phénomène linguistique, unique au monde, est extrêmement significatif pour comprendre la structure et les valeurs sociales de la Chine, et au sens plus large, de tous les pays dits *confucianisés* comme le Japon, la Corée et le Vietnam. A partir de cette notion, Confucius a défini un parcours en trois étapes que tout lettré devait suivre : d'abord « se cultiver soi-même », ensuite « bien tenir la famille » et enfin « gérer les affaires de l'Etat et pacifier la Terre des Hommes ».

3. *Zhong* et l'unification de la pensée

Dans un pays aussi vaste que la Chine, avec une population aussi nombreuse, l'harmonie a toujours été un idéal social. Cette harmonie n'est possible que si tout le peuple « pense et agit au milieu ». L'idée du Juste Milieu (*zhongyong*) est donc une idée maîtresse de la pensée confucéenne. Selon Maître Kong[1], désireux de ramener la société à l'Antiquité vertueuse, « *Zhongyong, comme vertu, est au faîte. Cela fait longtemps que le peuple en manquait.* »

Cependant, les principales dynasties qui ont suivi l'époque dans laquelle vivait Confucius (entre le VIe et le Ve siècle avant Jésus-Christ), c'est-à-dire les dynasties des *Qin* (221 à 207 av. Jésus Christ), des *Han* (206 av.J.C. à 220 après J.C.), jusqu'aux *Tang* (618 à 907), étaient en quête de progrès et sur une pente ascendante de la civilisation chinoise. Pendant cette période, même si le confucianisme a été érigée en doctrine d'Etat (sous les Han au premier siècle), *zhongyong*, le principe du Juste Milieu, n'a pas été vraiment mis en relief ni appliqué. Le Maître lui-même préconisait une étude vivante qui laissait pas mal de marge aux réflexions personnelles. Il a dit à ses disciples : « *Celui devant qui j'ai soulevé un coin et qui ne me répond pas par les trois autres, je ne me mêle plus de l'instruire* ».

Sous la Dynastie des Tang (618-907), l'apogée de la civilisation chinoise, la société était extrêmement ouverte, dynamique, moderne et confiante en elle-même. Les diverses nationalités vivaient ensemble, diverses religions coexistaient, l'art et la littérature étaient en pleine floraison. Cette ouverture se reflète dans tous les domaines, jusqu'aux vêtements, ustensiles (les vases trichromes), peintures... Les femmes, telles qu'elles sont représentées sur les fresques de l'époque, étaient, contrairement à l'image classique de la femme chinoise pudique, très décolletées, preuve de mœurs libres.

Pendant cette période, le confucianisme perdit sa position dominante, tandis que le bouddhisme et le taoïsme s'épanouissaient, pratiqués même par des Empereurs.

---

[1] Confucius est la latinisation, par les Jésuites venus au VIe siècle, de KONG (nom de famille) FUZI (maître).

Cela a changé dès la dynastie suivante, celle des Song (960 à 1127). Des philosophes, soucieux de rétablir l'ordre confucéen (qui, en réalité, n'avait jamais existé), ont réalisé la symbiose des trois grands courants philosophiques chinois qu'étaient le confucianisme, le taoïsme et le bouddhisme et ont créé la doctrine de *Li* (理), le rationalisme, plus connu en Occident comme le néo-confucianisme. Trois grands maîtres la représentent : les Frères Cheng – Cheng Hao (1032-1085) et Cheng Yi (1033-1107) vivant sous la Dynastie des Song du Nord (960-1126) et Zhu Xi (1130-1200), un philosophe des Song du Sud (1127-1279).

Comment combiner ces trois conceptions, fort différentes, presque contradictoires aux yeux d'un Occidental ?
D'abord, ils ont rétabli la place dominante de Maître Kong. Sur la base de sa doctrine, ils ont introduit la pensée métaphysique du taoïsme et certaines pratiques propres au bouddhisme. La nouvelle théorie se cristallise dans ce concept de *Li*, que l'on traduit, tant bien que mal, par « rationalité ». Elle emprunte au taoïsme le concept de *taiji* – le Pôle Suprême. Selon eux, ce Pôle comporte deux éléments : *Li* et *Qi* (le souffle vital). *Li* est l'origine du cosmos et l'essence métaphysique de toutes les existences, tandis que *Qi* en est la matérialisation. Donc, *Li* précède *Qi*.

L'apport du néoconfucianisme n'a pas été que théorique et philosophique. Il a hérité de la nature moralisante et même « socialisante » du confucianisme traditionnel. Il déclare que le Ciel et l'Homme ne font qu'un et que, par conséquent, *Li* doit et peut s'appliquer à la société humaine. Dans ce cadre, *Li* s'érige en une série de principes moraux incarnés par « les Trois Relations Cardinales (纲 *gang*) » - Souverain-Sujet, Père-Fils, Epoux-Epouse ; et « les Cinq Vertus Fondamentales (常 *chang*) » - humanité, justice, bienséance, sagesse et sincérité. Désormais, les « Trois *Gang* » et les « Cinq *Chang* » vont servir de poutres maîtresses de la stabilité sociale, de dynastie en dynastie. Les maîtres de cette doctrine ont inlassablement œuvré pour prôner et propager leur théorie et les principes moraux qui s'y rattachent. Pour eux, l'intégrité morale (en chinois 节 *jie*) passe avant tout, même la vie humaine. « *Mourir de faim n'est rien alors que perdre l'intégrité morale importe* » dit Cheng Yi. Ainsi, d'innombrables femmes chinoises se sont suicidées après la mort de leur mari pour sauvegarder leur *jie* – l'intégrité morale. Jusqu'à nos jours, on peut encore voir à travers toute la Chine un grand nombre de « portiques de chasteté » érigés à leur mémoire.

Cette intégrité morale peut paraître une aberration à un Occidental tant l'homme est mû par ses désirs. La recette inventée par les néo-confucéens était une pratique typiquement chinoise : *xiushengyangxing* (**修身养性**) : se cultiver pour parvenir à la perfection. Pour ne pas céder à la tentation du monde matériel, un homme vertueux doit donc « chasser les désirs humains et préserver la rationalité (*Li*) céleste » ; en premier lieu, apprendre par cœur les grands classiques confucéens et se pénétrer de leur esprit qui doit guider la pensée et le comportement de chaque lettré. Comment « chasser les désirs humains » ? Il existait différents procédés d'examen de conscience. Par exemple : tenir un journal pour noter quotidiennement ses idées et agissements : les pensées morales en rouge et les pensées immorales en noir, afin d'en faire le compte tous les dix jours. Une autre pratique, qui ressemble à la pénitence des chrétiens, était de s'enfermer dans sa chambre en se privant de nourriture, en restant agenouillé des heures durant et en se fouettant avec une corde tout en lisant des plaques de bois sur lesquelles étaient inscrits les actes à ne pas commettre.

En s'inspirant de la pratique bouddhique, les néo-confucéens encourageaient l'exercice du *jingzuo* 静坐 : rester assis dans le silence pour chasser les mauvaises idées et trouver le juste milieu. Cette pratique d'introspection a été utilisée par les lettrés chinois pendant de nombreux siècles.

Sous l'influence de la Doctrine de *Li*, la sobriété régnait dans l'art et même l'habillement de la population. Finie l'exubérance et le romantisme des Tang !

Penser au Milieu, agir au Milieu, voilà la garantie de la stabilité sociale. Il faut reconnaître que le néoconfucianisme a contribué à inciter le peuple à s'éduquer et, par là, à former une puissante classe de Lettrés, pilier même de l'Empire du Milieu depuis les Song du sud (1127-1279) jusqu'à la Dynastie des Qing (1644-1911).

Mais en même temps, *Li*, ce précepte immuable, allait scléroser petit à petit le régime chinois, comme un carcan qui allait ligoter la pensée et le comportement des gens. Dès le début de la Dynastie des Ming (1368-1644), tous les examens impériaux (科举*keju*) ont eu pour sujet de dissertation le commentaire d'une phrase tirée des grands classiques confucéens. Qui plus est, la dissertation devait se conformer à l'unique pensée de Zhu Xi, le grand Maître de *Li,* et être rédigée suivant une structure stéréotypée en huit étapes. A partir de là, la civilisation chinoise allait perdre l'élan qui l'avait poussée si haut. Le chemin vers les changements fondamentaux et les grandes inventions a été obstrué car cela nuisait au principe du Juste Milieu. Ce fut le tournant de la civilisation chinoise, auparavant pleine de vitalité et de créativité, l'amorce du long et lent processus de déclin. C'est pourquoi, depuis le début du XXe siècle, des penseurs et écrivains chinois n'ont cessé de combattre cette doctrine « meurtrière » de *Li* et du Juste Milieu, qui, selon eux, a été largement responsable du retard de la Chine par rapport à l'Occident.

Que cette pratique néo-confucéenne a la vie dure ! Elle sera reprise à l'époque de Mao sous forme de « rééducation idéologique ». La pensée de Mao Ze-dong est devenue un *Milieu* dont il ne fallait surtout pas dévier. Le temps passe, le contenu du *Milieu* change, mais pas le principe. Aujourd'hui, il y a en Chine un nouveau *Milieu* qui est « la stabilité ». L'injonction maoïste « *unifier notre pensée et notre action* » est toujours d'actualité, même si les procédés sont moins répressifs. De Jiang Ze-min à Hu Jin-tao, de nombreuses campagnes d'étude se sont succédé. Tous les cadres et les membres du Parti doivent « ajuster leur pensée » à celle du Parti, une méthode qui n'est jamais démodée. Sauf que les anciens ont été naïfs et sincères et qu'aujourd'hui on s'y plie à contrecœur. Il est difficile de mesurer combien ce genre de pratique nuit à la moralité de tout un peuple, désormais habitué au mensonge. La doctrine de *Li* et du Juste Milieu est l'ennemi de la liberté de penser.

4. *Zhong* comme une identité

Afin de se défendre des barbares qui guettaient le vaste et riche territoire du Pays du Milieu, les Chinois ont construit la Grande Muraille. Sa construction s'est déroulée sur plus de deux mille ans, chaque dynastie complétant, doublant, renforçant les murailles de ses prédécesseurs. Elle a donc jalonné presque toute l'histoire du pays, du VIIe siècle avant J.C. jusqu'au XVIIe siècle après J.C. Toutefois, cette Muraille n'a pas vraiment joué le rôle défensif que les Empereurs envisageaient. Au XIIIe siècle, par exemple, les cavaliers mongols de Kubilaï Khan, petit fils de Gengis Khan, l'ont franchie sans beaucoup de difficultés pour aller conquérir toute la Chine. Cependant, la Grande Muraille a toujours été un symbole, une ligne de démarcation : en-deçà, c'est le monde de la civilisation ; au-delà, c'est celui de la barbarie.

De façon plus significative, cette muraille « infranchissable » (mais franchie à plusieurs reprises par des barbares) existe surtout dans la tête de tous les Chinois, souverains comme sujets, et de tous temps, dans l'Antiquité comme de nos jours. Il y a donc *NOUS* et *EUX*. *Nous*, ce sont les Chinois, même naturalisés américains ou français, peu importe : si tu as la peau jaune et les cheveux noirs, tu es toujours chinois et tu dois avoir un cœur chinois, sinon tu es un traître à la nation (*hanjian*). Quant à *Eux*, ce sont les étrangers, des barbares que l'on appelait *guilao* (« diables étrangers » en cantonnais), un surnom toujours utilisé dans la diaspora chinoise de la vieille génération.

A l'époque de Mao, cette distinction a atteint son paroxysme. Une discipline de fer fut imposée par le Parti, d'abord à tous ses membres puis également à la population tout entière: « Il faut distinguer l'interne (内*nei*) et l'externe (外*wai*) ». *Nei* représente tous les Chinois, même les « ennemis de classe » ; *Wai*, tous les non-Chinois, traités ouvertement comme « amis », mais jugés a priori comme des êtres dangereux, hostiles, porteurs du « virus bourgeois ». Zhou En-lai l'avait érigé en credo : *« Il n'y a pas de petits détails dans les affaires extérieures.* » Ainsi, les Chinois autorisés à entrer en contact avec les étrangers devaient être politiquement fiables et donc soumis à un « examen politique » rigoureux (origine familiale, relations sociales, fréquentations, comportement).

Cette méfiance, cette extrême précaution, provenaient de soucis profonds : la peur du sabotage, de l'espionnage, de la corruption, de la contagion des idées et du comportement bourgeois, de la crainte de perdre la face, de « se faire avoir ».

Les cadres qui ont enfreint cette discipline, c'est-à-dire qui ont pris des contacts « illicites » avec des étrangers, leur ont divulgué des « secrets » (tout était secret, même son salaire et son logement), noué une relation trop personnelle avec eux, dit ou fait des choses sans autorisation du Parti, ont été accusés d'avoir commis une faute grave et, par conséquent, sévèrement punis et mis hors de contact avec les étrangers.

Etre *Zhongguoren* 中国人 (l'« homme chinois) est une identité très forte. Cela signifie posséder une culture plusieurs fois millénaire, connaître et savoir manier les idéogrammes, cette écriture unique au monde, pratiquer le culte des ancêtres, avoir une vision de l'univers, comme du corps humain, animé par le *qi* (le souffle vital), avoir un estomac capable de savourer la meilleure nourriture de la planète... Tous ces éléments constituent une identité qui ne change pas, quelle que soit la nationalité qu'un Chinois possède par son passeport.

Cette identité de *Zhongguoren* va au-delà d'une ethnie, des frontières, voire des nationalités. Il s'agit de la « famille chinoise » regroupée sous le nom de *zhonghuaminzu*» (中华民族 nation du beau milieu), notion fédératrice qui englobe tous les membres de la famille, au sens le plus large du terme : les *han* bien sûr, mais aussi les 55 autres ethnies minoritaires qui la composent ; les Chinois du continent bien sûr, mais également les « compatriotes de Hongkong, Macao et Taiwan », et les

Chinois d'outre-mer (华侨 *huaqiao*), c'est-à-dire ceux qui vivent à l'étranger et qui, naturalisés ou non, ont du sang chinois. Qu'il est beau ce terme de *zhonghua* ! Et quelle fierté d'être un élément de *zhonghuaminzu* ! Cette nation se situe au **Centre/Milieu** 中 *(zhong),* mais, de plus, vit sur une terre de **Beauté** 华 *(hua)*, beauté des paysages, beauté des mœurs, des traditions, de la culture, de l'art culinaire, de l'intelligence...

Cette notion de *zhonghuaminzu* a été avancée dans un contexte très particulier, vers la fin de la dernière dynastie, celle des Qing, quand la Chine était écartelée par les puissances occidentales. C'est donc beaucoup plus qu'une nationalité ou une identité administrative ou ethnique, c'est un appel à l'unité, c'est l'expression d'un sentiment de fierté mêlé à celui d'amertume, de douleurs, d'injustice ...
Voici des paroles de l'hymne national chinois :
Forgeons une nouvelle Grande Muraille
Avec notre sang, notre chair
Zhonghuaminzu vit son heure critique
Chacun de nous pousse un dernier cri
Debout ! Debout ! Debout !

Quand, à chaque cérémonie de remise des médailles aux JO de Pékin, tout le stade du Nid d'oiseau scandait à tue-tête cet air majestueux, en martelant *zhong – hua –min – zu*, l'Occident devait y entendre un message lourd de sens.

5. *Zhong* est un modèle social

Contrairement à la pensée occidentale selon laquelle la confrontation des idées opposées ouvre la voie à la vérité (*De la discussion jaillit la lumière)*, les penseurs chinois croient davantage à l'unité d'idées différentes qui conduit à l'harmonie : harmonie entre le Ciel et la Terre, harmonie entre l'Homme et la Nature, entre les hommes et à l'intérieur de l'homme. Ainsi, selon la conception chinoise, une société idéale est une société harmonieuse (和谐 *hexie*). Comment atteindre l'harmonie ? Par la voie du Juste Milieu.

Ce Milieu n'est pas fondé sur le principe d'égalité ou de justice, mais sur celui de l'ordre, l'ordre cosmique et l'ordre social. L'ordre, aux yeux des Chinois, n'est pas l'aboutissement de l'intervention des forces extérieures comme la loi, le contrat, ou la religion, mais provient des codes unanimement reconnus et respectés, donc intériorisés.

Afin de saisir la profondeur du concept chinois d'harmonie, décortiquons les deux idéogrammes que comporte ce terme :
和谐 *hexie*

Le premier : 和 *he,* c'est la paix, l'ordre. A gauche, la clé de « plante », de « céréale » ; à droite, le signe « bouche », synonyme en chinois de population, de peuple. La signification est limpide : quand le peuple a de quoi manger, c'est la paix, c'est l'ordre. L'histoire a démontré qu'en Chine, il n'y a jamais eu de guerre ou de conflits sociaux graves déclenchés par d'autres causes que la famine, jusqu'à ce que l'idée de la Révolution (革命*geming* littéralement *supprimer la vie*) ne lui parvienne de l'étranger (la Russie et la France).

Le deuxième idéogramme : 谐 *xie* est composé à gauche de la clé de « parole » et à droite du signe « ensemble ». Le tout signifie « Tous parlent d'une commune voix. ». On comprend mieux, alors, que *hexie*, l'harmonie, signifie en fait que le peuple mange à sa faim (ou mange bien, comme aujourd'hui) et que tous sont au diapason.

Quelle est la voie vers l'harmonie ? Maître Kong a prescrit deux « ordonnances » : La première est de respecter les rites qui fixent les comportements du *Milieu* et constituent l'étiquette sociale qui repose sur les trois grands axes des relations que sont la relation Souverain-Sujet, la relation Père-Fils et la relation Epoux-Epouse. Les rites garantissent le maintien de la hiérarchie inhérente aux trois axes. Par exemple, le *ketou* (ou *kowtow* en anglais), c'est-à-dire l'obligation de se prosterner en se tapant la tête contre terre, était un rite incontournable chaque fois qu'un Sujet se trouvait devant le Souverain ou tout simplement devant un eunuque lisant un édit impérial. Il l'était également quand un fils se trouvait devant ses parents à certaines occasions (le Nouvel An chinois par exemple) ou devant leur tombe ou leur portrait après leur mort. L'Opéra de Pékin est un excellent manuel des rites chinois, où les paroles codifiées et les gestes stylisés reflètent, de façon artistique, les rites traditionnels des Chinois dans diverses circonstances et relations.

La deuxième ordonnance de Confucius est l'instruction. Nous avons évoqué que, dans le parcours en trois étapes tracé par Confucius pour tout lettré, la première était de se cultiver (*xiusheng*). Seul un homme instruit et cultivé peut atteindre le très haut stade du *Milieu* afin de bien tenir sa famille (*qijia*) et d'aller, par la suite, gérer les affaires de l'Etat *(zhiguo)* et pacifier la Terre des Hommes (*pingtianxia*). Ainsi, dans tous les pays dits confucéens, l'éducation tient un rôle particulièrement important. La conception occidentale prétend que l'équilibre résulte des oppositions et de la confrontation et que le maintien de l'inégalité nuit à l'harmonie, alors que les Chinois pensent le contraire : le respect de la hiérarchie (donc de l'inégalité) implique une réciprocité de devoirs qui mène, du moins en théorie, au Milieu, et donc à l'harmonie.

Dans la relation Souverain-Sujet, il faut souligner que l'Empereur chinois n'était que mandataire du Ciel, contrairement à l'Empereur japonais qui, lui, représente le Ciel.

Ceux qui ont visité le Temple du Ciel à Pékin sont impressionnés par la structure des trois toits qui représentent respectivement le Ciel, l'Empereur et le Peuple. C'est l'illustration du schéma confucéen de l'harmonie. L'Empereur, au milieu, reçoit le mandat du Ciel et vient dans ce Temple sacrifier et prier le Ciel pour qu'il apporte les bienfaits de la pluie et du vent au bénéfice du peuple. Le pouvoir et l'autorité de l'Empereur reposent sur ses relations privilégiées avec les forces cosmiques dont lui seul entend la voix et comprend la volonté. Ainsi un bon règne est-il forcément caractérisé par l'harmonie du vent et de la pluie qui donne de bonnes récoltes, c'est-à-dire suffisamment de céréales à la bouche du peuple, source de la paix (和). Le peuple ne doit obéissance à l'Empereur qu'à condition que ce dernier remplisse le mandat céleste. Dans le cas contraire, le peuple peut exécuter directement la volonté du Ciel en renversant l'Empereur afin d'ouvrir la voie à un nouveau mandataire.

Ce fut l'origine des innombrables insurrections paysannes sous les différentes dynasties.

De même, dans la relation Père-Fils, il y a réciprocité. Regardez ce caractère chinois qui signifie la *piété filiale*. Il est extrêmement parlant.

孝 xiao

L'idéogramme est composé de deux parties : En haut, la clé de « Vieux », symbole du Père, et en bas, le Fils ou l'enfant en général, à genoux. Cela veut dire que les enfants doivent l'obéissance absolue à leurs parents.

Mais cette obéissance a une contrepartie : la sollicitude des parents envers les petits, qui est, elle aussi, inconditionnelle et implique tous les sacrifices, pour les élever et les protéger, bien sûr, mais aussi les éduquer, les marier et les accompagner toute leur vie durant. Cette valeur, dénigrée pendant la Révolution culturelle, est revenue au galop et reste valable en Chine, même si elle est désormais déséquilibrée en faveur des enfants. Quel peuple dans le monde se sacrifie autant que les parents chinois pour l'éducation des enfants ? Ils n'hésitent pas à se ruiner pour assurer leurs études dans les meilleures écoles ou leur acheter ou construire un logement, condition obligatoire au mariage.

Cette réciprocité de **devoirs** (non pas de droits) doit amener les relations sociales vers le Milieu, donc à l'Harmonie.

Selon ce modèle social « Etat-Famille », la relation Gouvernant-Gouverné a, de tous temps, été une copie de la relation Père-Fils. Les fonctionnaires du temps des Empereurs (官 *guan* en chinois) étaient qualifiés de 父母官 *fumuguan*, c'est-à-dire « Fonctionnaires-Père et Mère » et le peuple (*min* en chinois) de 子民 *zimin*, c'est à dire « Peuple-Fils ». Cela révèle, on ne peut plus clairement, la relation de dépendance des gouvernés vis-à-vis des gouvernants et celle des devoirs réciproques.

De nos jours, le terme s'est modernisé (*guan* est remplacé par 干部 *ganbu*, une translitération de *cadre*), mais le fond n'a pas vraiment évolué.

6. *Zhong* et la face

Une composante plus personnelle de *zhong* est ce que les Chinois appellent 面子*mianzi* (la face) ou 脸 *lian* (le visage).
Cette notion qu'est la face est comprise, en Occident, comme synonyme de « dignité personnelle ». C'est une erreur. En quoi « la face chinoise » est-elle différente ? Et pourquoi le peuple du Pays du milieu est-il particulièrement soucieux de « sauver la face » ?

Pour décoder cette énigme chinoise, nous proposons d'observer l'Opéra de Pékin, qui est une représentation en miniature de la vie chinoise.
« La vie est une grande scène de théâtre, tandis que la scène de théâtre est la vie en miniature ». Voilà un dicton populaire chinois que ne renierait pas Shakespeare.
Dans l'Opéra de Pékin, nommé « *l'Opéra National de Chine* », il existe un certain nombre de catégories de personnages, chacune représentée par un costume spécifique et une gestuelle codifiée. Les caractères des personnages masculins sont exprimés par la couleur du masque : rouge pour la droiture et la fidélité, blanc pour la sournoiserie et la méchanceté, noir pour l'intrépidité et l'impartialité.

« La vie est une grande scène de théâtre ». Effectivement, les Chinois se comportent dans la vie réelle comme des acteurs qui jouent leur rôle sur la scène. Depuis sa plus tendre enfance, un Chinois reçoit de ses parents cette recommandation ancestrale : *tu dois apprendre à* 做人 *zuoren*. Littéralement cela veut dire : « être ou jouer l'homme ». Pour un Chinois, vivre, c'est jouer son rôle. Dès son entrée en scène (c'est-à-dire dès la naissance), les rôles lui sont dévolus (chacun doit jouer un certain nombre de rôles : fils/fille pour les parents, employé/patron dans une entreprise, etc.) et les masques sont portés selon les rôles. Désormais, son comportement sera codifié par les rites et sera jugé (avez-vous bien joué votre rôle ?) en fonction de la norme. Et cette norme, c'est *zhong* - le Milieu - que l'on ne doit en aucun cas transgresser. Par exemple, *zhong* pour un fils, c'est la piété filiale, autrement dit, être respectueux envers ses parents et leur obéir ; *zhong* pour un père, c'est se montrer sévère dans l'éducation des enfants ; *zhong* pour une épouse, c'est assister l'époux et éduquer les enfants ; *zhong* pour un sujet, c'est rester loyal envers le souverain même s'il doit subir la plus grande injustice du monde… Chaque Chinois, dans ce jeu de rôle, doit porter un masque qui varie selon les circonstances. Et ce masque n'est autre chose que « la face » chinoise. De même que l'Opéra de Pékin ne peut être joué sans masques, la vie des Chinois est inconcevable sans « la face ». Il s'agit donc d'une dimension existentielle, d'une question de vie et de mort.

Nous allons maintenant illustrer cette notion par quelques-unes des très nombreuses expressions chinoises liées à la face (*mianzi*) ou au « visage » (*lian*).

Si mon fils est admis dans une université prestigieuse, « j'ai la face » (有面子 *youmianzi*) dans mon entourage. S'il rate son examen, « je n'ai pas la face » (没面子 *meimianzi*).

Si on défie mon autorité, ou si on expose mon ignorance ou ma faiblesse en public, si mon voisin possède une voiture plus belle, plus puissante que la mienne, si moi, professeur, ne sais pas répondre à une question posée par un élève, « je perds la face » (失面子 *shimianzi*).

Dans une situation gênante, si vous me tendez une perche ou si vous me trouvez simplement une justification (même imaginaire) : *Vous avez peut-être mal dormi ? Vous devez avoir trop d'occupations en ce moment pour vous souvenir de ce petit détail...* (ce qu'on appelle en chinois « donner un perron »), vous me « récupérez la face » (挽回面子 *wanhuimianzi*).

Un mandarin condamné à la décapitation est autorisé à porter son costume de mandarin au moment de l'exécution, il « préserve la face » (保全面子 *baoquanmianzi*).

Si vous acceptez mon invitation à un événement important ou acceptez mon intervention pour régler un conflit, vous me « donnez de la face » (给面子 *geimianzi*).

Vous intervenez pour quelqu'un et je lui accorde une faveur ou bien je lui pardonne une offense par considération pour votre statut social, votre ancienneté, votre renommée ou votre relation avec moi, je « regarde votre face » (看面子 *kanmianzi*), ou « j'achète votre face » (买面子 *maimianzi*), ce qui signifie « je donne de la valeur à votre face ».

Quant à *lian* (le visage), son usage est lié à des situations plus graves.

Si deux personnes, jadis en bonne entente (du moins superficiellement) en viennent à s'affronter ouvertement et à se dire des vérités désobligeantes, elles « se déchirent la peau du visage » (撕破脸皮 *sipolianpi*) et il leur sera quasiment impossible de recoller les morceaux après.

Si mon fils s'est fait arrêter pour vol ou que ma fille se retrouve enceinte sans être mariée, je « perd le visage » (丢脸 *diulian*).

Si un scandale éclate, on « n'a plus le visage pour voir le monde » (没脸见人 *meilianjianren*). Dans un cas extrême, on se suicide, comme l'ancien président sud-coréen Roh Moo-hyun.

Quelqu'un ne se souciant pas de sa face est taxé de « ne pas vouloir de visage » (不要脸 *buyaolian*), ce qui est le jugement le plus sévère envers une personne et la relègue dans la catégorie des « intouchables » dans la société chinoise.

La société chinoise est une énorme scène sur laquelle tout Chinois se comporte et se voit comme un acteur de l'Opéra de Pékin, toujours portant son masque. Imaginez la gêne de cet acteur, sous les feux de la rampe, à qui on ôterait brusquement son masque. Eh bien, c'est exactement comme un Chinois qui perd la face (ou pis encore le visage) sous le regard des autres.

Les personnes qui ont fréquemment affaire aux Chinois finissent par découvrir que, lorsque surgissent des problèmes (qu'il s'agisse d'un conflit, d'un litige ou d'un simple désaccord), il est souvent question de « face » même là on ne l'attend pas. A l'époque des guerres coloniales, la Cour Impériale, ayant subi défaite sur défaite face aux puissances occidentales, a cependant insisté pour traiter ces dernières, dans les documents officiels voire dans les notes diplomatiques, de « barbares » (*yi*), en dépit des protestations. Cela n'avançait en rien le règlement des conflits, mais l'Empire avait du moins l'impression d'avoir sauvé la face.

Un Occidental, ne comprenant rien à tout cela, peut faire perdre la face sans s'en apercevoir. L'expérience embarrassante de ce Chinois lors de son premier voyage en France est amusante mais très instructive. Il est invité chez un partenaire français. L'heure est à l'apéritif. L'hôte demande : « *Voulez-vous boire quelque chose ?* » Notre Chinois ne sait que répondre, pensant : « C'est une évidence, pourquoi poser la question ? » Il marmonne : « *suibian, suibian* » (comme vous voulez). Et l'autre insiste : « *Que voulez-vous boire ? du Porto, du Martini, du Ricard ?* » Devant la multitude de bouteilles contenant des boissons qu'il ne connaît pas, et surtout sous le regard des autres convives qui sourient, l'invité est tout penaud. Il répète bêtement : « *suibian*, *suibian,* » croyant que tout le monde est en train de rire de son ignorance.

Là où un Occidental pense qu'il sied de laisser le libre choix à l'autre, un Chinois risque de se trouver dans l'embarras. C'est à l'hôte de penser aux invités et de décider pour eux, et non l'inverse.

Certaines façons de « sauver la face » peuvent surprendre. En 1861, vingt ans après la première Guerre de l'Opium, la Cour Impériale a décidé de créer la première institution chargée des affaires étrangères, *Zongliyamen*. Une fois, des étrangers sont venus auprès de cette institution réclamer certains avantages qui leur semblaient dus. Face à ces insolents barbares, les mandarins chinois, effrayés, ont affiché un air obséquieux et leur ont accordé tout ce qu'ils demandaient. A la fin de l'entrevue, les étrangers ont été reconduits par une porte de côté, celle réservée aux domestiques, histoire de les humilier. Par là, l'Empire du Milieu a « sauvé sa face ».

Dans la société chinoise, foncièrement agricole, conditionnée par la rareté des terres arables partagées par une population nombreuse, il n'y avait pratiquement pas d'espace personnel. Maintenir une façade polie, c'est à dire sauver la face des uns et des autres, était donc une question de survie. C'est le ciment de l'édifice social. A la différence d'un Occidental, le Chinois n'existe que dans le regard des autres. C'est la raison pour laquelle il est si important pour lui d'avoir une « bonne image » (une face) aux yeux des personnes avec lesquelles il a une relation sociale.

Le critère pour décider si on perd ou ne perd pas la face, c'est *zhong*, le Milieu, où tout le monde se retrouve. Cette ligne du Milieu n'est pas un critère objectif mais varie selon les circonstances et les personnes concernées. C'est la disposition sociale dominante, celle de la majorité. S'éloigner du Milieu, c'est risquer de perdre la face.

Une grand'mère est à l'agonie. Que faire ? Autour d'elle se regroupe toute la famille pour discuter. La transporter à l'hôpital ? Elle sera très inconfortablement installée dans un couloir du service des urgences et, avec tous ces cahots, souffrira davantage. La garder à la maison ? Elle quittera le monde tranquillement, entourée des siens, mais que diront les oncles et tantes, et même les voisins ? Il faut faire comme tout le monde et l'emmener à l'hôpital. Et ainsi, on sacrifie le calme des derniers moments de la nonagénaire pour la seule raison de « la face ».

Perdre la face ou pas dépend aussi des personnes concernées. Qu'un Chinois critique la Chine devant d'autres Chinois, ce n'est pas grave. Mais qu'il le fasse en présence d'étrangers relève alors de « la face nationale ». Ici, la ligne du Milieu est : « *On ne répand pas à l'extérieur les scandales de la maison* » (équivalent de *laver son linge sale en famille*).

Comme la société chinoise est hautement hiérarchisée selon le modèle confucéen, la face n'a pas la même valeur pour les uns que pour les autres. La face de l'Empereur ou des dignitaires peut coûter des têtes. Prenons l'exemple de l'infaillible Timonier, Mao Ze-dong. Pour avoir « perdu la face » après le Grand Bond en avant qui a causé la mort, par famine, de trente millions de paysans, il n'a pas hésité à déclencher une lutte de classes sans merci et à persécuter à mort le Président de la République, Liu Shao-qi, qui l'avait ouvertement critiqué sur ce sujet. Ici, la face de l'Empereur rouge l'emportait sur la vie de millions de sujets. Et le Petit Timonier n'y échappa pas. En 1988, Deng Xiao-ping, homme politique hors pair mais connaissant mal les questions économiques, a imposé une mesure radicale concernant la réforme des prix, mesure qui a causé une inflation dévastatrice et une panique de la population. Au lieu de reconnaître sa faute, il a fait porter l'entière responsabilité sur son dauphin, Zhao Zi-yang, qui sera limogé un an plus tard. Le massacre de Tiananmen fut également plus ou moins lié à une question de face du patriarche. Gêné par les étudiants qui campaient sur la Place, il avait été obligé de se faufiler dans le Palais de l'Assemblée populaire (tout proche de la Place) pour y recevoir Gorbatchev venu en visite officielle et ceci devant les caméras des media du monde entier. Cet épisode précipita sa décision de « vider » la Place par la force, mesure longuement débattue au sein du Politburo et qui n'obtenait pas de consensus. Deng Xiao-ping jeta tout son poids personnel dans la balance.

7. Le paradoxe : *Zhong* mène aux extrêmes

Adeptes de *zhong*, les Chinois devraient normalement « penser et agir au Milieu », se comporter de façon modérée et mesurée, comme le souhaitait Maître Kong. Or, dans la réalité, ce peuple n'est pas toujours au Milieu ou plutôt il oscille entre les extrêmes. Le pays a connu d'innombrables insurrections paysannes depuis l'Antiquité. Dans l'Histoire moderne, il y a eu la révolution de 1911, puis la révolution communiste. L'histoire du Parti communiste chinois est, dès sa naissance, jalonnée de luttes intestines et fratricides. Mao Ze-dong, champion absolu des luttes, se posait comme le héros du Milieu, infaillible dans ses combats sur les deux fronts, tantôt contre la droite, tantôt contre la gauche. Mais, en réalité, lui même est allé très loin dans sa position extra-gauchiste. La Révolution culturelle qu'il a déclenchée vers la fin de sa vie fut le comble de l'extrémisme. Le culte de la personnalité y fut poussé à son maximum et la violence aussi. Plus de cent millions de personnes ont été persécutées et quelque deux millions ont péri.

Vis-à-vis des étrangers, il n'y a jamais eu une ombre de *zhong*. De la condescendance de l'Empire du Milieu, les Chinois sont passés au défaitisme ; ensuite de la xénophilie on a viré à la xénophobie au temps des *Boxers*. Ce balancement entre deux extrêmes n'a pas cessé depuis 1949, surtout depuis l'ouverture en 1979. Au début, l'émerveillement était de mise : tout ce qui était étranger, l'habillement, la publicité, les gadgets, était beau, était supérieur. Cette période a duré presque deux décennies. Puis, le bombardement de l'Ambassade de Chine en Yougoslavie par les Américains, en 1999, a marqué un basculement vers la méfiance, que les événements autour des J.O. de Pékin ont portée à son apogée.

Où est le Juste Milieu prêché par Confucius et ses disciples ? Pourquoi un peuple censé « penser et agir au milieu » va-t-il invariablement aux extrêmes ?

En fait, pour une civilisation plusieurs fois millénaire, il n'y a rien de surprenant à constater un foisonnement de paradoxes. Le Juste Milieu, c'est une théorie, une préconisation des confucéens, surtout des néo-confucéens. Pour ces derniers, le Milieu doit être respecté comme une norme de pensée, de comportement, une convention sociale, ce qui a généré une attitude de surenchère. On rivalise pour être plus au Milieu que les autres. Une grande pression naît de la sorte au sein des masses et mène finalement aux extrêmes.

Prenons l'exemple des pieds bandés : il fut un temps où bander les pieds des femmes était une mode, donc le Milieu à respecter. Par émulation, les pieds sont devenus de plus en plus petits, aux dépens des femmes qui souffraient d'une véritable infirmité.

Un autre exemple : le culte de la personnalité de Mao pendant la Révolution Culturelle. C'était le Juste Milieu dont il ne fallait surtout pas s'écarter. Par conséquent, chacun voulait être plus au Milieu que les autres et ce fut la folie. Je crie une fois « Longue vie au Président Mao ! » ; tu cries deux fois ; je crie trois fois… Je dis : « Le Président Mao est le soleil le plus rouge dans notre cœur ! » ; tu dis : « le plus, le plus rouge » ; je dis « le plus, le plus, le plus rouge »… On finit par atteindre le sommet des sommets des sommets… jusqu'à l'absurde. Heureusement, la souplesse de la grammaire chinoise donne des possibilités de combinaisons presque infinies. Pour se rapprocher davantage du Milieu, on est arrivé à l'extrême des extrêmes.

Le même phénomène est apparu quand, suite à l'attaque de la flamme olympique à Paris, les « jeunes indignés » chinois ont appelé au boycott des magasins Carrefour, ce qui a créé un nouveau Milieu, une ligne de démarcation entre les patriotes et les traîtres à la nation.

Le jeu de « la tyrannie des masses » peut se transformer en un mouvement aveugle où tout le monde s'empresse de se montrer plus au milieu que les autres et par conséquent de se porter de plus en plus aux extrêmes. Sinon, on devient une cible et on est incapable de se disculper.

Quant à la gestion du temps, il n'y a pas non plus de milieu. Ceci est, dans une large mesure, lié à l'absence de notion du temps structuré dans la langue chinoise. Ainsi, dans la conception chinoise du monde, il y a seulement deux temps : un temps infini et un temps immédiat. Ce qui explique pourquoi les Chinois ont, à la fois, la mémoire infiniment longue sur le passé (les grandes inventions de l'Antiquité, les enseignements de Confucius ou les humiliations infligées par les puissances occidentales)… mais aussi une mémoire incroyablement courte, presque une amnésie pathologique. L'histoire contemporaine de la Chine est caractérisée par d'incessants mouvements politiques, en vagues successives dans lesquelles le peuple a été entraîné.

Chose surprenante, dès qu'une vague est apaisée, on l'oublie jusqu'à la suivante.

La campagne anti-droitiste n'a que cinquante ans d'histoire, la Révolution culturelle, quarante ans et le massacre de Tiananmen seulement vingt ans. Mais, pour les jeunes d'aujourd'hui, tout cela semble appartenir à la Préhistoire.

La difficulté est que le Milieu n'est pas une donnée objective qu'on pourrait mesurer scientifiquement. Il varie d'un moment à l'autre, d'une personne à l'autre.

Si les Sages préconisaient le Juste Milieu, c'était justement parce que notre peuple n'était jamais au Milieu, disait le célèbre écrivain Lu Xun (1881–1936). Selon lui, le Juste Milieu a été, en quelque sorte, un carcan pour le peuple et a créé un conformisme pesant. Il était inévitable que les gens se révoltent et aillent aux extrêmes.

8. *Zhong,* source de malentendus... évitables

Ramenons maintenant la discussion sur un terrain pratique, afin de rendre plus concret le concept de *zhong* et d'éliminer une source de malentendus.

En matière de négociation, la « centralité » chinoise se reflète dans l'attitude générale des milieux d'affaires. « Egalité et avantages réciproques », tel est le principe censé s'appliquer à toutes relations économiques et commerciales entre les Chinois et les étrangers. Mais, en réalité, comme André Chieng, homme d'affaires français d'origine chinoise, l'a si bien dit : « *Nous ne vendons pas à la Chine ; c'est la Chine qui achète* ». L'esprit de l'Empire du Milieu n'est pas près de s'estomper. L'objectif gagnant-gagnant ne peut être envisagé que pour le long terme.

Si les Chinois ne cessent d'insister sur le principe d'« égalité et d'avantages réciproques », c'est parce que les traités inégaux, signés avec les puissances occidentales au XIXe siècle, leur restent sur le cœur. Ils ont la mémoire longue. Auparavant, pour les hommes d'affaires occidentaux, une joint-venture était véritablement une « entreprise conjointe ». Mais ils ont découvert, avec déception, qu'en réalité, c'était un lieu de transfert de technologies n'ayant qu'une seule finalité : permettre à la Chine de créer des Champions Nationaux capables de rivaliser avec les multinationales occidentales.

« *Celui qui a été mordu par un serpent craint même une corde.*[1] *Les capitalistes occidentaux sont tous rapaces et malins, et nous avons peur d'être à nouveau piégés et exploités par vous. C'est pourquoi, nous essayons, dans les négociations, de mener le jeu et de tirer au maximum le drap vers nous,* » avoue un businessman chinois.

Rappelons-nous ce principe observé par les réformateurs chinois du XIXᵉ siècle : « le savoir chinois comme fondement, le savoir occidental comme moyen » ainsi que cette célèbre injonction de Mao : « Que l'étranger serve la Chine ! »

Bien entendu, avec le temps, la mentalité évolue et la jeune génération chinoise adhère plus facilement à l'esprit « gagnant-gagnant » dans les négociations. Un véritable retour à *zhong*.

Un Occidental ne peut pas entrer dans la peau d'un Chinois pour vivre cette hypersensibilité à la face. Mais la connaissance de cette dimension peut l'aider à éviter des impairs et des malentendus causés quelquefois par la transposition de ses propres valeurs (laisser la liberté de choix à l'autre par exemple) ou par une ironie mal prise. L'humour occidental est presque de la dynamite, trop dangereux à manier, car il n'est pas transférable, surtout s'il passe par une traduction souvent mal maîtrisée.

Ceci étant, les Chinois pardonnent aux étrangers qui sont incapables de comprendre les subtilités du Juste Milieu. Ainsi, un Occidental en relation avec des Chinois n'a pas à mettre le même masque mais il doit se comporter naturellement et rester lui-même tout en se gardant de brusquer la sensibilité de l'autre. « *Après tout, il est étranger* » dira un Chinois devant les maladresses de son partenaire occidental.

---

1 Dicton chinois équivalent de « Chat échaudé craint l'eau froide. »

Une fâcheuse tendance occidentale, surtout française, est d'étaler devant ses interlocuteurs les divisions ou désaccords à l'intérieur d'une équipe de négociations. Ceci est incompréhensible aux yeux des Chinois qui, dans une relation extérieure, restent toujours unis. Comme dit ce dicton chinois : « *Les frères se bagarrent en-deçà du mur, mais font bloc à l'humiliation venant de l'extérieur* ». Inutile de tenter de diviser la partie chinoise en réunion et de profiter des divergences entre eux. La seule chance serait de les revoir, un par un, là où il n'y a pas de risque de « perte de face » ou de « trahison ».

A l'époque de Mao, derrière la façade de *l'amitié*, mot phare dans toute relation étrangère, la distinction entre l'Interne et l'Externe fut érigée en discipline de fer et il était strictement interdit d'entretenir une amitié personnelle avec des étrangers. Combien de cadres chinois ont-ils été punis voire persécutés pour avoir transgressé cette règle ! Ce qui n'est évidemment plus le cas aujourd'hui.

Un Occidental et un Chinois peuvent devenir plus facilement de vrais amis, et pas seulement des « amis officiels ». Cependant, l'apparente ambiance de liberté qui règne aujourd'hui n'en cache pas moins un mur invisible entre « Nous » et « Eux », derrière lequel il y a une vigilance à l'égard des « forces hostiles étrangères », accentuée depuis les événements autour des J.O. de Pékin. L'arrestation et la condamnation, à Shanghai, en 2009, de quatre cadres du groupe minier anglo-australien Rio Tinto, accusés d'abord de « vol de secrets d'Etat », puis de « vol de secrets économiques » pour apaiser l'inquiétude des Occidentaux, en est une démonstration récente.

En somme, la doctrine confucéenne et la théorie du Juste Milieu ont eu beaucoup de mérites dans l'histoire chinoise et certains principes sont toujours valables aujourd'hui. Cependant, si le peuple n'avait que cela pour guider sa pensée et codifier son comportement, il se serait complètement asphyxié. Fort heureusement, les Chinois ont plus d'un tour dans leur sac.

Partons maintenant voyager dans un univers différent.

Chapitre II - En perpétuelle mutation
易 Yi
Mutations/Transformations

Le Dao que l'on peut énoncer n'est pas un dao constant,
Le nom que l'on peut nommer n'est pas un nom durable.
Sans nom : l'origine du Ciel et de la Terre,
Ayant nom : la mère de tous les existants.

Lao Zi

1. Un *Yin*, un *Yang*, c'est là *Dao* !

Ce deuxième pictogramme que nous proposons est encore plus important que le premier si l'on veut vraiment pénétrer la « boîte noire » des Chinois :

易 – *Yi,* qui signifie mutations, transformations, changements.

Il s'agit de la Voie, le *Dao* ou *Tao* (comme dans *taoïsme*), le *Do* en japonais (comme dans *judo* ou *kendo*), la voie des mouvements du cosmos, non seulement du macrocosme, mais aussi du microcosme qui est notre corps. C'est là la conception de l'univers, les « lunettes » à travers lesquelles tout Chinois voit le monde.

L'idée de changement existe aussi chez les philosophes occidentaux. Héraclite disait : « *On ne se baigne pas deux fois dans le même fleuve* ». Toutefois, à ce concept de l'incertain, les anciens Grecs ont préféré celui des « vérités éternelles » de la géométrie et du raisonnement logique.

Les ancêtres des Chinois ont pris le chemin inverse. Selon la conception taoïste, l'univers est basé sur la notion de 极 *Ji* – le Pôle. A l'extrême origine, on trouve 无极 *Wuji* – le Pôle Néant. Dès les transformations (*Yi*), le Pôle s'appelle 太极 *Taiji* – le Pôle Suprême (d'où la boxe chinoise *taijiquan*). En fait, *Taiji* est la genèse de l'univers – la nébuleuse, le chaos originel qui est né du Néant.

Voici comment l'univers se transforme : de *Un - Taiji -* naissent les *Deux Modes* – Ciel et Terre ; des *Deux Modes* naissent les *Quatre Aspects* - les quatre saisons et les *Cinq Eléments* - le Bois (Printemps), le Feu (Eté), la Terre (Centre), le Métal (Automne) et l'Eau (hiver) ; des *Quatre Aspects* naissent les *Huit Diagrammes* - les phénomènes naturels ; des *Huit Diagrammes* naît la Vie.

Ainsi, toutes les transformations de l'univers sont nées de *Taiji* qui, lui, vient du *Néant - Wuji*. Ces transformations sont animées par le fameux *Qi*气, le souffle vital dont le cosmos est rempli. Le *Qi,* lui, a deux « aspects » ou « deux moments ». De la mobilité du Pôle Suprême naît le *Yang*. Le Pôle, à son état extrême, se transforme en immobilité d'où naît le *Yin*. Ainsi, le *Yin* et le *Yang* ne font qu'*UN* car ce sont les deux aspects ou les deux moments du *Qi* qui anime Le Pôle Suprême. Ils ne sont pas des contraires mutuellement exclusifs, mais complémentaires et interdépendants. L'un ne peut pas exister sans l'autre : sans le jour, il n'y a pas de nuit, sans le masculin, il n'y a pas de féminin, sans le positif, il n'y a pas de négatif, etc. En perpétuel devenir, l'un croît par la décroissance de l'autre, et l'un se transforme en l'autre. C'est dans les transformations du *Yin* et du *Yang* que l'univers évolue. C'est ça la Voie - *Dao* ! Telle est l'essence du taoïsme. Cela rejoint le concept bouddhiste de « l'impermanence des choses »

Cette conception est difficile d'accès à un esprit occidental imprégné de logique et de linéarité. Afin de la rendre plus compréhensible, étudions maintenant ses impacts sur la façon de penser et les comportements des Chinois.

2. *Zhong* et *Yi* ne font qu'UN!

Aux yeux d'un Occidental, l'esprit confucéen, socialisant et moralisateur, et celui du taoïsme, transcendant et métaphysique, ne sont pas compatibles. Or ils se trouvent unis dans la tête des Chinois.

Ces deux philosophies qui proposent deux visions différentes du monde sont nées presqu'en même temps, à l'époque du Printemps et de l'Automne (-770 à -476). Pendant cette période, régnait une grande liberté de penser et les penseurs, très nombreux, pouvaient circuler librement d'un royaume à l'autre pour « vendre » leurs idées auprès des suzerains qui en étaient volontiers preneurs car chacun cherchait la voie de l'hégémonie grâce à de nouvelles idées. Ainsi, les écoles les plus variées faisaient bon ménage, telles que le légalisme de Han Feizi, le pacifisme de Mozi ou le logicisme de Gongsunlongzi. Confucius lui-même appréciait beaucoup le taoïsme. Il a dit : « *Qui trouve la Voie le matin peut mourir en paix le soir.*»

Il a fallu attendre l'Empereur Han Wu, au premier siècle, pour ériger le confucianisme en « seule doctrine d'Etat », évinçant toutes les autres, dont le taoïsme. A partir de là, les enseignements de Maître Kong sont devenus l'orthodoxie, la pensée officielle, et son modèle social s'est imposé dans le Pays du Milieu, de dynastie en dynastie. Les lettrés chinois, pendant deux mille ans, ont passé leur vie à se pénétrer des enseignements du Maître afin de gravir les échelons dans la pyramide hiérarchique du mandarinat grâce au fameux concours impérial, le *keju*. Comme toutes les autres philosophies nées à l'époque du Printemps et de l'Automne, le taoïsme fut interdit.

Or, cette philosophie de la Voie avait une telle vitalité et attractivité qu'au fil des siècles, non seulement elle n'a pas disparu, mais elle a prospéré et s'est répandue parmi la population. Si les Chinois ont tous reçu, à l'école et dans la famille, une éducation confucéenne qui a rempli leur tête de leçons de morale et de normes de conduite des plus contraignantes, leur regard, leur conception du monde et leur manière de penser, en revanche, sont davantage conditionnées par la vision de *yi*, des mutations. Il est vrai que les Chinois se déclarent volontiers confucéens et s'avouent rarement taoïstes, mais cette vision des mutations, à laquelle s'est joint le bouddhisme, leur a servi d'échappatoire tandis qu'ils s'asphyxiaient sous le poids des enseignements moralisateurs et des rites rigoureux enseignés dans la famille comme à l'école.

Plus tard, les néo-confucéens, sous la Dynastie des Song, ont rapproché ces deux grandes doctrines apparemment si éloignées et ont créé la doctrine de *LI*.

Les grands maîtres de *Li* ont introduit dans le confucianisme la notion taoïste de *Taiji* et préconisé que *Zhong* et *Taiji* reviennent au même : c'est l'endroit d'où naissent les vies. De ce fait, les deux philosophies, l'une socialisante, l'autre métaphysique, sont arrivées à une parfaite symbiose dans la grande notion *tianrenheyi* （天人合一）. Le Ciel et l'Homme ne font qu'un car les deux sont dominés par le fameux *Li* (rationalité).

Dans l'histoire de la Chine, nombre de lettrés, même des Empereurs, par définition confucéens, étaient en même temps taoïstes. Des poèmes écrits sous les *Tang* ou les *Song* en témoignent. La règle générale est qu'un lettré est confucéen quand il réussit, qu'il a le vent en poupe, quand il est jeune et plein d'idéal, alors qu'il devient taoïste quand il échoue, qu'il tombe en disgrâce, quand il vieillit, ou après avoir subi des revers et des vicissitudes. En fait, les deux concepts coexistent en chaque Chinois et s'expriment tour à tour. L'un permet d'intégrer la société et l'autre d'en sortir pour atteindre la spiritualité ; l'un définit les valeurs communes à observer (au moins à afficher), l'autre inspire face à un monde en perpétuel devenir et ouvre la voie du bonheur. L'un s'applique à l'homme social, l'autre à l'homme naturel.

Prenons l'exemple du corps humain. La vision occidentale est mécanique et physique. L'anatomie montre et étudie l'homme dans tous ses aspects visibles, alors que le corps humain représenté selon la médecine chinoise ne montre que ce qui est invisible, les points méridiens par où passe l'énergie vitale. Pour les Chinois, le corps humain est tridimensionnel : il y a bien sûr 形*xing* - la forme que l'on peut voir, mais aussi deux dimensions invisibles : 气*qi* – le souffle vital et 神*shen* – l'esprit ou l'essence. La santé de l'homme n'est pas seulement liée à *xing*, mais surtout à *qi* et à *shen*. C'est bien pourquoi les Chinois attachent plus d'importance à la prévention qu'à la guérison des maladies et continuent de pratiquer la médecine traditionnelle : acupuncture, massages et traitements par des herbes médicinales qui, d'ailleurs, suscitent un intérêt croissant dans le monde entier.

3. *Daoli* vs. Raison

Les néo-confucéens, dans leur tentative de symbiose des trois grands courants philosophiques, ont ramené le *Dao* (la Voie) à la notion de *Li* (la Rationalité). Maître Zhu Xi a dit : « *Entre Ciel et Terre il y a Li et Qi. Li est l'essence métaphysique des choses ; Qi est la matérialisation des choses* ». Ainsi, est né un terme courant combinant *Dao* et *Li* : *Daoli*.

Littéralement, *Daoli* signifie « raison ». Pourtant, il y a loin entre *Daoli* et la raison au sens occidental.

Le terme français « raison » est né en opposition à l'obscurantisme moyenâgeux. C'était l'étendard des penseurs du Siècle des Lumières pour éclairer l'esprit des Européens. Il s'agit de « la faculté qui permet à l'être humain de connaître, juger et agir conformément à des principes »[1]. « Vous avez raison » signifie que vous raisonnez juste. Alors que *Daoli,* tel qu'il est communément utilisé et compris, est l'une de ces notions profondément enracinées dans le contexte culturel chinois. Il s'agit d'un critère de jugement, mais surtout dans le domaine comportemental et sociétal : « Vous avez *daoli* », cela veut dire que ce que vous dites ou ce que vous faites est dans la bonne « Voie » (*Dao*) et est conforme à la bonne « Règle » (*Li*). Il ne correspond pas nécessairement à un jugement objectif ou logique, mais plutôt à une convenance sociale. Ce sont souvent les raisons avancées pour rester dans les normes de la majorité ou simplement pour sauver la face. Or la face s'oppose à la *raison* du type occidental. Un Chinois est souvent amené à « déraisonner » pour sauver sa face, c'est-à-dire à renoncer à son

---

1 Définition du dictionnaire *Le Robert*.

raisonnement propre pour adopter la vision dominante, car on ne peut pas avoir raison seul contre tous.

Parmi les trois éléments qui doivent régner dans une société : 情 *qing* (sentiment) – 理 *li* (raison) – 法 *fa* (loi), les Chinois ont une nette préférence pour *li* qui est un compromis entre le Sentiment et la Loi, le premier étant jugé trop subjectif et le second, trop détaché. Encore une fois, *Daoli* est au Milieu.

Il s'agit d'un concept très concret. Pour les Chinois, « *parler daoli* » ou « *comprendre daoli* » est le signe d'un homme civilisé. En revanche, « *ne pas parler daoli* » est un jugement très sévère : autant dire « *c'est une personne peu fréquentable* ».

Daoli peut paraître immuable à une époque mais peut évoluer avec le temps et l'espace. Par exemple, « *Des trois manquements à la piété filiale, le pire est de ne pas avoir de descendant* ». Ce précepte de Maître Kong (Confucius) a été, pendant de nombreux siècles, un *daoli* sacro-saint. Ainsi, si l'épouse n'a pas « le ventre assez digne », c'est-à-dire qu'elle n'a pas donné de progéniture mâle, l'époux a tout le *daoli* de prendre une ou plusieurs concubines pour « cause de continuité de sa lignée familiale ». Les hommes occidentaux pourraient bien l'envier, mais ne lui donneraient pas raison.

En Chine on parle souvent de distinguer le « *daoli* majeur » (大道理 *dadaoli*) et le « *daoli* mineur » (小道理 *xiaodaoli*). Le *daoli* majeur concerne l'intérêt général de la collectivité ou l'ensemble de la situation tandis que le *daoli* mineur est l'intérêt personnel ou local et une situation particulière. Le *daoli* mineur doit s'effacer ou au moins passer au second plan devant le *daoli* majeur. Par exemple, dans les années 1960, l'Etat a décidé que la Chine devait privilégier un seul joueur de tennis de table pour qu'il décroche trois fois de suite le titre de champion du monde. Le choix fut arrêté sur Zhuang Ze-dong. Les autres pongistes ont dû réprimer leur envie de devenir champion et ont accepté volontiers de se faire battre par Zhuang car il s'agissait d'un « *daoli* majeur », l'honneur de la patrie. Autre exemple : les diplômés d'universités, jusqu'à une date récente, étaient affectés par l'Etat à des postes qu'ils ne choisissaient pas. Obéir à l'Etat et accepter l'affectation étaient donc le *daoli* majeur au nom duquel il fallait consentir le sacrifice du *daoli* mineur – par exemple, se séparer de leur fiancée ou travailler dans un domaine qui n'avait rien à voir avec la discipline étudiée.

Mais n'imaginez pas que les Chinois sont tous de bons sujets obéissants. Loin s'en faut. Ils sont aussi individualistes que les Occidentaux. Simplement, tout le monde accepte l'idée que le *daoli* mineur doit se plier au *daoli* majeur, sinon on risque d'être considéré comme une personne égoïste qui « ne parle pas *daoli* ». C'est pourquoi quand un Chinois veut défendre ses intérêts personnels, il préfère ne pas le dire directement mais l'habiller de *daoli* majeur - servir l'intérêt de l'Etat, de la collectivité, etc.

Cette convenance sociale peut être bénéfique. Quand l'Etat connaît des difficultés, les individus sont censés les partager et accepter des sacrifices. Le bon sens règne : on ne va pas aggraver la situation avec des revendications personnelles, car « *Quand il n'y a plus d'eau dans la rivière, il n'y en aura bientôt plus dans le ruisseau* ». Cependant, cela peut aussi être utilisé par le pouvoir pour restreindre les droits des citoyens. Actuellement, le *daoli* majeur que les autorités chinoises ne cessent de prôner, c'est le maintien de « la stabilité politique et sociale » au nom duquel il convient de sacrifier les *daoli* mineurs, comme la liberté d'expression ou la transparence sur les accidents (SRAS, effondrements de galeries de mines de charbon...)

Daoli comparé à la « raison », c'est un peu comme le rond par rapport au carré.

De ce fait, de nombreuses difficultés surgissent dans la communication entre les Chinois et les Occidentaux, en particulier les Français. Ces derniers s'énervent, estimant que leurs interlocuteurs chinois, durs à convaincre, « n'entendent pas raison » et ne reconnaissent jamais leurs fautes. De leur côté, les Chinois se plaignent que leurs partenaires hexagonaux n'ont qu'« un seul nerf » (expression qui signifie être têtu, psychorigide, ne pas se montrer accommodant), qu'ils butent souvent sur un détail érigé en « question de principe » et qu'ils ne comprennent pas *daoli*.

Un dicton chinois dit : le beau-père dit que c'est lui qui a *daoli*, la belle-mère dit que c'est elle qui a *daoli*. Cela parce que « *daoli* est rond ». En tournant en rond, on peut toujours s'y retrouver.

Regardez cette scène dans la rue : une violente querelle éclate entre un resquilleur et les personnes qui font la queue. Resquiller est clairement un acte répréhensible. Pourtant, le resquilleur crie plus fort que les autres : « *Vous ne voyez pas le grand désordre ici ? Qui dit que vous n'avez pas resquillé vous-même ?* » Voilà un « *daoli* de travers (歪理 *waili*) », disent les Chinois.

D'ailleurs, savoir si *daoli* est valable ou non ne dépend pas seulement de ce qui est dit, mais surtout de qui l'a dit. C'est pourquoi un Chinois, quand il entend une phrase, pose souvent la question « Qui a dit cela ? » avant de se prononcer pour ou contre. Cela lui évite de prendre le risque de contredire un dirigeant ou un maître, et donc de perdre la face.

Pour un Chinois, le stade suprême pour « être un homme », c'est 圆通 *yuantong*. *Yuan* c'est être rond ; *tong*, c'est déboucher, avoir accès. Cela veut dire qu'avec l'esprit rond (souplesse et adaptation à toutes les circonstances) on a accès à tout. Le pire, c'est ne pas « parler *daoli* ».

Que les Occidentaux s'en inspirent et donnent un peu plus de rondeur à leur esprit carré, voilà ce que souhaiteraient, vraiment, les Chinois.

4. L'efficacité du concret et la « philosophie de l'eau »

Sachant que le monde réel ne cesse de changer et de fluctuer et qu'il est impossible de le comprendre tel quel, les anciens Grecs ont inventé le *logos*, c'est-à-dire le fait d'extraire des modèles immuables du monde de « l'à-peu-près », modèles qui permettent de calculer et de raisonner. Ils ont également cherché à imposer un ordre venu de l'extérieur par des lois, des contrats…

Les Chinois n'aiment pas l'abstrait. Ils préfèrent voir les choses dans le concret. Prenons l'exemple d'un concept extrêmement abstrait : la contradiction, qui devient dans la langue chinoise deux objets courants à l'époque : 矛 *mao* – la lance et 盾 *dun* – le bouclier. Si tu utilises ta lance, réputée comme la plus tranchante, contre ton propre bouclier, présenté comme le plus solide, que se passera-t-il ? Voilà l'idée de la contradiction. Pour les Chinois, tout est concret, mais rien n'est stable.

Cette caractéristique des pensées philosophiques chinoises vient du fait qu'elles étaient, à l'origine, destinées à résoudre les problèmes concrets auxquels les royaumes étaient confrontés. Pour être acceptées par les suzerains qui, en général, n'étaient pas des philosophes, elles ne devaient pas être fondées sur des spéculations abstraites conduisant à des vérités absolues, mais devaient avoir une visée pratique, liée aux problèmes concrets et conduisant à une action efficace. D'ailleurs, les philosophies de ces penseurs, même compliquées et profondes, étaient toujours expliquées et illustrées sous forme de fables ou d'histoires. Puisque le monde est en perpétuel changement, et bien expliquons-le afin de tirer parti de ce changement pour qu'il y ait harmonie entre le ciel et la terre (une bonne récolte…), entre les hommes (la stabilité sociale et politique…), entre l'énergie cosmique et celle présente dans le corps humain (pour la préservation d'une bonne santé…), pour gagner une guerre sans la livrer, pour faire face aux imprévus de la vie (échecs, revers, catastrophes) afin de maintenir une sérénité intérieure.

Les Chinois ont développé ce sens aigu du concret grâce à l'usage d'une écriture qui, n'ayant jamais été alphabétisée, est restée au stade des pictogrammes ou des idéogrammes. Ainsi, un enfant chinois, en apprenant à écrire le caractère 雨, signifiant *pluie*, VOIT ce phénomène naturel : de la voûte céleste tombent des gouttes d'eau. De cette manière, il n'a pas besoin de passer par la conceptualisation ou l'abstraction, comme pour les utilisateurs des langues alphabétisées, pour atteindre, dans l'esprit, l'image de la pluie.

La force de la sagesse chinoise réside dans cette « philosophie de l'eau ».

L'eau est une matière noble pour les Chinois qui ont une admiration particulière pour ses qualités - pureté, simplicité, humilité, souplesse...

Confucius disait : « *Les sages aiment l'eau* ». Quant à Laozi, il qualifiait l'eau de « plus précieux des biens ». Ecoutez-le : « *L'eau dispense ses bienfaits à l'univers tout entier et ignore les luttes et les obstacles* ». « *Si les fleuves sont les rois de cent vallées, c'est qu'ils coulent au-dessous d'elles* » ou encore « *Rien n'est plus doux, plus souple que l'eau mais rien ne vaut l'eau pour venir à bout de tout élément solide et puissant.* ».

Cette « logique » de l'eau provient de la conception d'un monde en perpétuelle mutation, d'un monde de l'à-peu-près, où rien n'est linéaire, figé, dichotomique.

Ce qui est rigide se casse plus facilement tandis qu'une palanche de bambou, souple, peut porter plus de poids qu'une barre de bois ou de fer, disent les Chinois. Ainsi ont-ils refusé de reconnaître les modèles immuables des anciens Grecs et préfèrent suivre l'exemple de l'eau dont la grande souplesse lui permet de s'adapter à toutes mutations : elle peut augmenter de volume comme le réduire, elle peut se séparer puis se réunir, elle peut s'évaporer comme elle peut se liquéfier, elle peut se durcir comme elle peut s'envoler. Cette nature mouvante de l'eau la rend omniprésente et toute-puissante.

La nature de l'eau permet de gérer tous les paradoxes et toutes les situations apparemment contradictoires. Les Chinois peuvent ainsi prétendre une chose et son contraire. On constate, en même temps, l'indulgence et l'intolérance, une mémoire à long terme et une amnésie quasi pathologique. C'est un peuple soupçonneux et crédule à la fois, sophistiqué et simple, voire naïf, rigide et souple, inerte et hyperactif, matérialiste et philosophe, frugal et extravagant, superstitieux et irréligieux, collectiviste et individualiste, pointilleux et arrangeant, extrêmement patient mais très pressé, censé être toujours au Milieu mais allant tout le temps aux extrêmes. Les Chinois ont une capacité de rebond surprenante. Atteints d'une inertie inouïe après tant de siècles d'immobilisme et de conformisme, tout d'un coup, par un véritable « grand bond en avant », les voilà à l'avant-garde !

On peut reprocher aux Chinois de manquer de rigueur, de souvent changer d'idée, mais on ne peut pas nier que ce sens du concret ainsi que cette « philosophie de l'eau » aient développé chez eux une grande capacité d'adaptation, un atout incomparable face à de grandes difficultés ou à des problèmes à première vue insolubles.

A partir des années 1980, la Chine a décidé de renoncer à l'économie planifiée mais pas au régime socialiste, du moins en théorie. Devant ce dilemme, inexplicable selon la logique dichotomique occidentale, les Chinois ont inventé *l'économie socialiste de marché* ou, plutôt, le *socialisme aux caractéristiques chinoises*. Et Deng Xiao-ping a eu la sagesse de recommander au Parti de « ne pas polémiquer », c'est-à-dire de ne pas utiliser la logique occidentale pour analyser ce slogan contradictoire. Et cela a marché !

Comment conduire un pays aussi vaste, aussi peuplé, ayant subi tant de malheurs et de dommages, vers l'ouverture et la prospérité ? L'orientation générale définie, Deng Xiao-ping a proposé, comme seule stratégie, de « traverser le fleuve en cherchant les pierres à tâtons ». Cette phrase exprime le besoin d'une grande souplesse, de disposer de grandes marges de manœuvre pour l'action : on pourrait tourner à droite comme à gauche, avancer ou reculer en contournant les écueils qui se trouveraient au fond de l'eau.

Dans cette entreprise sans précédent, le gouvernement a appliqué une politique extrêmement flexible. Comme les anciens règlements n'étaient plus valables et que les nouveaux étaient encore en gestation, il fut un temps où, en Chine, « le feu rouge et le feu vert étaient allumés en même temps ». Ce qui était interdit était aussi toléré ou ce qui était illégal hier ne l'est plus aujourd'hui. Cet état « bizarre » a cependant permis l'expérimentation d'un grand nombre de nouvelles idées et pratiques, notamment dans les *Zones Economiques Spéciales*, les laboratoires du nouveau système hybride chinois.

Comme l'eau va toujours là où la résistance est la moindre, le Petit Timonier, pour surmonter les très fortes réticences venant des néo-maoïstes du Parti mais aussi de l'inertie de trente ans de communisme pur et dur, a choisi de créer des ZES (Zones Economiques Spéciales), non pas dans les grandes villes comme Pékin ou Shanghai, mais dans quelques petits bassins sur la côte sud-est où la résistance était moins forte pour tenter l'expérience. Quand l'eau de ces petits bassins a accumulé assez d'énergie, il l'a conduite vers des rivières et des fleuves.

5. *Wuwei* - l'action dans la non-action

Du concept *Yi* est né celui de, littéralement, la « non-action ».
Selon le taoïsme, toute chose est née du Néant (*wuji*), c'est-à-dire du vide. C'est dans le vide que s'opèrent les transformations (*yi*). Tandis que les confucéens préconisent l'action active pour s'éduquer, suivre les rites et agir pour créer l'harmonie entre le Ciel et l'Homme, les taoïstes pensent que le stade originel de l'univers est le vide – *Wuji* (le Pôle Néant) dont toute chose est née et que, dès les transformations (*Yi*), le pôle s'appelle *Taiji* (Le Pôle Suprême), animé par le souffle vital *Qi*. Le *Qi* a deux « moments » ou deux « aspects » : le *Yang* (l'action) et le *Yin* (l'inaction).

Comparons la boxe chinoise, *taijiquan,* à la boxe occidentale. La force des boxeurs occidentaux est dans l'action, dans la frappe, tandis que celle des pratiquants de *taijiquan* est surtout dans l'absorption de la force d'autrui dans le vide, afin de l'amoindrir et de l'anéantir.
L'inaction n'est pas synonyme d'immobilité : même si je n'agis pas, le temps et l'espace continuent à suivre leur cours, c'est-à-dire à agir. Quand le contexte aura évolué en ma faveur et que j'aurai accumulé une énergie potentielle suffisante, j'agirai.

Ainsi, selon Sun Zi, l'auteur de « L'Art de la Guerre », la meilleure façon de gagner une guerre, c'est de ne pas la livrer.

Wuwei ou la non-action signifie que l'on prend de la distance par rapport à une situation sans issue. « *Recule d'un pas, tu auras tout l'univers devant toi* », dit un dicton chinois. Le recul crée un vide qui permet de voir plus clair et d'avoir une marge de manœuvre pour agir ultérieurement, de façon plus intelligente et plus efficace.

Le Petit Timonier chinois Deng Xiao-ping fut un as de l'art de la non-action. Un jour, il a plaisanté avec l'ancien chancelier allemand, Helmut Kohl (qui le dépassait en taille de quelque 40cm !), en disant : « *Je n'ai pas peur que le ciel s'écroule car vous êtes là pour le soutenir* ». Effectivement, chaque fois qu'il était confronté à des difficultés apparemment insurmontables ou à une situation inextricable, ce petit bonhomme savait se réfugier dans le « vide », guettant son heure pour rebondir.

Dans sa carrière politique, il s'est retrouvé trois fois[1] en grande difficulté et au plus bas de l'échelle sociale. Il a su faire contre mauvaise fortune bon cœur en gardant le moral et en préservant son physique pour refaire surface au moment venu et monter, la troisième fois, au sommet du pouvoir.

Après la tragédie de Tiananmen, en 1989, tous les pays occidentaux ont imposé un embargo contre la Chine qui connaissait un environnement international extrêmement défavorable. Alors, que faire ? *Ne rien faire*, dit le Petit Timonier. *Pratiquons le stratagème taoguangyanghui*. Cela signifie « se mettre à l'ombre et attendre son heure ». Sa stratégie

---

1 Au début des années 30, Deng Xiao-ping, pour avoir soutenu Mao, fut sévèrement critiqué et relevé de toutes ses fonctions par le comité central du Parti d'alors. Il attendra deux ans pour être réhabilité. En 1966, le secrétaire général du Parti qu'il était devint la cible No.2 de la Révolution culturelle et fut envoyé en rééducation dans une usine du Jiangxi où il vécut sept ans comme un simple ouvrier avant d'être rappelé par Mao au secours d'une économie en faillite. En avril 1976, cinq mois avant sa mort, Mao le limogea à nouveau, le soupçonnant de reprendre la voie capitaliste. Il remontera quinze mois plus tard, cette fois-ci, au sommet du pouvoir.

a payé : pendant que la Chine se concentrait sur ses affaires intérieures et que son économie se redressait, les pays occidentaux, loin de faire bloc, de par leurs besoins nationaux et les calculs égoïstes de chacun face au marché chinois, sont venus l'un après l'autre se réconcilier avec la Chine qui, au bout de trois ans, est sortie de l'impasse.

De même, face à l'interrogation « *nous appelons-nous S(ocialistes) ou C(apitalistes)* ? » des conservateurs au sein du Parti, qui doutaient du bien-fondé théorique de la réforme entreprise, Deng Xiao-ping a mis le holà : *Pas de polémique* ! Avec le temps et devant les faits, la plupart de ses détracteurs verront leurs doutes dissipés.

En fait, le monde nous transforme beaucoup plus que nous ne le transformons. Par conséquent, le vide recèle plus de force que le plein et, dans certaines circonstances, la non-action est plus efficace que l'action.

6. L'intelligence de la ruse et la sagesse des détours

La sagesse chinoise contient une partie appelée « l'intelligence rusée », souvent considérée par les Occidentaux comme de la malhonnêteté.

« *L'on n'est jamais trop rusé en matière de guerre* ». De ce précepte de Sun Zi sont nés les « trente-six stratagèmes », connus de tous les Chinois.

Un des grands classiques chinois, « *La chronique des trois royaumes* »[1], est une parfaite illustration des stratagèmes les plus variés visant à piéger les adversaires et à les vaincre. Le plus remarquable est le « *Stratagème de la ville déserte* ». On y apprend comment Zhuge Liang, éminent stratège et Premier Ministre du Royaume Shu (actuellement dans le Sichuan), face à une armée adverse puissante qui montait à l'assaut d'une ville

---

[1] Un des grands Classiques de la littérature chinoise écrit par Luo Guan-zhong (≈ 1330-1400)

non défendue, ordonna d'ouvrir tout grand les portes de la ville, lui-même allant s'asseoir en haut de la muraille pour jouer tranquillement de la cithare. L'ennemi, craignant de tomber dans une embuscade, battit en retraite.

Les Chinois croient que, dans un monde en perpétuel devenir, il est dangereux de dire les choses directement ou d'affirmer des règles absolues. D'où l'engouement pour le détour, développé depuis la nuit des temps. Déjà à l'époque du Printemps et de l'Automne, les philosophes qui se rendaient dans différents royaumes pour proposer leurs théories utilisaient des allégories et des allusions pour illustrer leurs idées ou leurs critiques. D'où le « style Printemps et Automne » selon lequel *une petite phrase véhicule un sens profond.* Par exemple, pour décrire la beauté d'une femme, on ne parle pas de son physique, mais de « la lune qui s'éclipse et de la fleur qui a honte » ou « des poissons qui coulent au fond de l'eau et des oies sauvages qui tombent du ciel (par jalousie et honte) ». Les allusions sont devenues un important procédé littéraire mais également un outil politique.

Mao Ze-dong était incontestablement un grand maître dans l'usage des allusions au service des luttes contre ses ennemis politiques. Le plus invraisemblable fut une campagne appelée *pi Lin pi Kong* (littéralement « critiquer Lin Biao et Confucius »), lancée en 1972, après la mort du maréchal Lin Biao, son dauphin, qu'il voulait évincer. En créant un lien fictif entre ces deux personnages ayant vécu à plus de deux mille ans d'intervalle, Mao et son épouse visaient Zhou En-lai qu'ils soupçonnaient de vouloir remettre en cause la Révolution Culturelle que Mao tenait à tout prix à défendre.

L'usage des allusions a un grand avantage : on peut « entrer » dans la référence comme on peut s'en dégager complètement. La stratégie du détour permet également d'éviter des affrontements directs et de débloquer des situations apparemment inextricables.

A la fin des années 70, lorsque la Chine amorçait sa réforme, l'urgence était de libérer les paysans chinois du joug de la « Commune populaire », organisation collectiviste équivalente du kolkhoze, encouragée par Mao lui-même, donc sacro-sainte. Cela nécessitait un courage exceptionnel mais aussi de l'astuce.

Tout le monde savait qu'il fallait mettre en place un système appelé *baochandaohu* (système forfaitaire de production par foyer) qui avait déjà fait ses preuves d'efficacité, au début des années 60, dans le redressement d'une économie ruinée par le Grand Bond en avant. Cependant, ce système avait été sévèrement critiqué par Mao qui le considérait comme une « voie capitaliste », suite à quoi bon nombre de cadres du Parti, dont Deng lui-même, étaient tombés. Aussi, ce terme est-il devenu un tabou que personne n'osait évoquer. Afin d'éviter une polémique futile, un économiste chinois, Du Run-sheng, a eu recours à la stratégie du détour pour inventer un terme compliqué mais acceptable par tous : *jiatinglianchanchengbaozerenzhi* (système forfaitaire de responsabilité de coproduction par famille). Ce terme utilise des synonymes ou des euphémismes et revient exactement au même que *baochandaohu*. De cette manière, un obstacle de taille fut contourné et un grand pas fut franchi dans la réforme du système agraire chinois.

7. Le *Yi* en pratique

Le vrai *dao* est celui qu'on ne saurait dire. (Lao Zi)

Si cette doctrine aussi profonde qu'énigmatique aux yeux des Occidentaux a pu se transmettre, c'est parce que, dès l'époque du Printemps et de l'Automne, la philosophie en Chine est sortie de sa tour d'ivoire. Grâce aux innombrables histoires racontées ou écrites, les philosophies se sont transformées en une multitude de proverbes, d'expressions populaires qui se transmettent de bouche à oreille, de génération en génération et vivent aujourd'hui encore dans la population.

La notion du vide et de la non-action est une lacune dans la pensée occidentale. Nombre d'hommes d'affaires en font les frais dans leurs négociations avec leurs partenaires chinois. Partant d'un *timing* souvent rigide, ils se retrouvent entraînés dans le vide : des réunions interminables où l'on tourne en rond; des soirées à l'Opéra de Pékin, des dîners de canard laqué... jusqu'à ce qu'ils perdent patience et fléchissent dans la négociation.

Cette différence fondamentale dans les deux conceptions du monde est à l'origine de bien des malentendus. Si l'un veut entrer dans l'univers de l'autre, il faut bien changer de paramètres.

Cependant, la différence n'est qu'un aspect de la chose, il y a aussi une importante complémentarité entre les deux mondes. Dans de nombreux domaines, l'un peut s'inspirer de l'autre, ce que nous aborderons dans un autre chapitre.

La « logique de l'eau » chinoise a certainement des inconvénients en nos temps modernes : manque de vision stratégique ; manque de rigueur dans le management ; difficultés pour la mise au point des objectifs, etc. Mais elle peut s'avérer efficace en cas de blocage dans la négociation : une action immédiate et une approche directe n'apportent pas forcément de solution. Quelquefois, « donner du temps au temps » ou « prendre un chemin détourné » peut aider à débloquer une situation.

Penser globalité ou penser particularité, voilà les deux voies qui divergent. Si les Chinois peuvent pencher un peu plus vers la particularité (le *daoli mineur*) et les Occidentaux vers la globalité (le *daoli majeur)*, nous nous approcherons certainement davantage du *Juste Milieu* et serons plus à l'aise pour faire face à un monde en pleine mutation.

En refusant d'interpréter le monde de l'à peu près avec des modèles immuables, les Chinois utilisent leurs propres « lunettes » : la doctrine confucéenne représentée par l'idéogramme *zhong*, la vision taoïste de *yi*. Une troisième dimension est pourtant non-négligeable, celle de l'intérieur de l'homme chinois. Portons-y notre regard.

Chapitre III Le cœur qui pense
心 xin
Coeur

Le cœur, c'est *Taiji*. -- Shao Yong[1]

1. Le cœur, une clé-clé

Le troisième caractère que nous recommandons pour décrypter la « boîte noire » chinoise pourrait surprendre. Il s'agit de :

心 *xin*

qui signifie le **cœur**. L'idéogramme lui-même en est d'ailleurs le calque. Il sert dans l'écriture chinoise de « clé » qui définit la catégorie d'un caractère. Par exemple, les caractères qui comportent la clé « bois » ont tous un sens lié au bois tels que la chaise, la table, l'arbre, etc. Ceux qui ont « le cœur » comme clé ont trait au sentiment. « *Survole un livre. S'il y a beaucoup de 'cœur', c'est un roman d'amour* » plaisante-on ainsi en Chine.

Cette clé donne, du reste, des combinaisons très intéressantes. Par exemple, 忘 (*wang*) – oublier, c'est le cœur qui se perd ; 忠 (*zhong*) – la loyauté avec le cœur au milieu ; et 愁 (*chou*), la mélancolie ou le souci, le cœur en automne…

Selon Liu Jiu-yuan (1139-1193), autre grand maître néo-confucianiste : « *Li* c'est le cœur ». Il a même fondé « l'Ecole du Cœur », une branche de la Doctrine de *Li*. Et les bouddhistes chinois disent : Le Bouddha est dans mon cœur. En effet, le comportement des Chinois est plus souvent guidé par l'émotion, le sentiment, c'est-à-dire par le cœur, que par le raisonnement. Le *daoli* chinois est en réalité plus proche du cœur que de la rationalité.

---

[1] Shao Yong était un philosophe de la Dynastie des Song du Nord (1011～1077).

Même dans le pays de « la raison », la France, bon nombre de penseurs reconnaissent la place du cœur dans notre vie. Blaise Pascal n'a-t-il pas dit « *Le cœur a ses raisons que la raison ignore* » ? Dans « La tentation de l'Occident », André Malraux s'exprime par le truchement d'un personnage chinois appelé Ling : « *La civilisation n'est point chose sociale, mais psychologique ; et il n'en est qu'une qui soit vraie : celle des sentiments.* »

C'est là aussi une clé pour comprendre les incidents autour des J.O. Le poème *When we were* cité tout au début du livre n'est rien d'autre qu'un cri d'injustice qui sort du fond du cœur des Chinois, face à ce qu'ils ressentent comme l'arrogance occidentale.

Dans le camp occidental, la France a toujours été perçue par les Chinois comme une amie. Cette amitié remonte aux années vingt du siècle dernier, lorsque la France a accueilli des révolutionnaires chinois de la première génération comme Zhu En-lai, Deng Xiao-ping et bien d'autres. En 1964, le Général De Gaulle a pris une décision historique. La France est devenue la première puissance occidentale à reconnaître la République Populaire de Chine, événement particulièrement bien accueilli en Chine alors que cette dernière, déjà victime de la politique américaine d'endiguement (*Containment Policy*), venait de se brouiller avec l'Union Soviétique et se trouvait donc dans un profond isolement international.

De tout cela, les Chinois, qui ont une mémoire longue, se souviennent toujours avec beaucoup de reconnaissance. Ils ont à cœur, par exemple, le sentiment de solidarité dont fit preuve Jean-Pierre Raffarin, alors Premier Ministre, qui, au plus fort de l'épidémie de SRAS en 2003, non seulement n'a pas annulé son voyage en Chine comme d'autres dirigeants étrangers, mais encore a refusé de porter un masque en arrivant. Cette image d'un « ami dans l'adversité » est gravée dans le cœur de chaque Chinois. Mais brusquement, en 2008, cette même France a, selon une expression chinoise, « changé de face ». C'est à Paris que la flamme olympique a été attaquée de la façon la plus brutale. Et surtout, malgré les avertissements répétés du gouvernement chinois, Nicolas Sarkozy a rencontré le Dalaï Lama. Pour les Chinois, cet acte de trahison a été d'autant plus mal vécu que la Chine venait d'offrir au Président français un généreux cadeau en novembre 2007, lors de sa première visite d'Etat à Pékin : 20 milliards d'euros de contrats commerciaux, dont une grosse commande pour Airbus et la fourniture par Areva de deux réacteurs nucléaires.

Voilà donc comment s'est installé un nouveau malentendu qu'on ne peut pas comprendre si on ne tient pas compte de la dimension « cœur ».

2. *Ganqing* - « La comptabilité des sentiments »

Regardez les deux idéogrammes constituant le mot « pensée » :
思 想 (*sixiang*)
Curieusement, ils comportent l'un comme l'autre la clé *cœur*.
« *La fonction du cœur, c'est de penser* », disait le second Sage, Mencius[1].

Nous avons vu précédemment que, contrairement aux Grecs qui cherchaient à expliquer le monde selon le logos, en déduisant des vérités « absolues » et des modèles rationnels, les Chinois préfèrent « sentir » le monde de l'à-peu-près, incertain et en perpétuelles transformations. C'est ainsi que le cœur et la pensée dans le vocabulaire se trouvent unis. Cela est très révélateur.

Il est vrai que les Chinois ont peu d'expressions du visage ou de gestuelle par rapport aux Occidentaux, notamment aux Latins. Cela donne l'impression qu'ils sont plutôt froids, impassibles, détachés. Or ce n'est qu'une apparence et, à l'intérieur, c'est-à-dire dans le cœur, c'est tout le contraire. Ce sont des gens très

---

[1] Mengzi ou Mencius (- 372à -289), nom latinisé par les Jésuites, fut un grand penseur chinois, considéré comme le second sage du confucianisme après Confucius.

attachants et très attachés sur le plan émotionnel. Dans la vie sociale et familiale, une place primordiale est accordée aux sentiments.

Voici le mot « sentiment » en chinois :
感情 *ganqing*
Encore deux idéogrammes avec la clé *cœur*.

Ceux qui ont des contacts avec les Chinois, dans leur travail comme dans la vie quotidienne, ne tardent pas à découvrir un mot magique, 关系 *guanxi*, qui signifie la relation, le réseau - la structure fondamentale du Pays du milieu. Une personne qui sait tisser, au fil du temps, un réseau de relations peut se voir ouvrir beaucoup de portes habituellement fermées aux étrangers.

En effet, la société chinoise est un macro-réseau composé d'innombrables micro-réseaux qui s'interpénètrent et s'interposent. Tout Chinois, dès sa plus tendre enfance, est structuré par des réseaux, celui de sa famille en premier lieu. Sans s'intégrer aux réseaux, divers et multiples, qui constituent son clan, un Chinois est quasiment exclu de la société et ne peut rien faire dans la vie.
Un bon réseau est fondé sur deux vecteurs : les intérêts et les sentiments. Même si le développement et la modernisation font basculer ce binôme en faveur des intérêts pragmatiques, les sentiments restent un lien fondamental.

Dans le monde chinois, il est question de tenir une « comptabilité des sentiments », qui commande ses relations au sein du ou des clan(s) au(x)quel(s) un Chinois est rattaché. Cela veut dire qu'il doit avoir une idée très précise du bilan de ses « dettes et créances sentimentales ». Telle personne m'a accordé telle faveur, m'a rendu tel service, m'a fait tel cadeau, quelle valeur ce geste ou ce cadeau représente-t-il, etc. Il faudra que je lui rende la pareille, c'est-à-dire lui « rembourser ma dette », tôt ou tard, sinon, je serai considéré comme une personne « loin des sentiments humains » et donc, *persona non grata* dans mon réseau.

La teneur en sentiment d'un geste accompli, d'un service rendu ou d'un cadeau offert est jugée selon sa valeur commerciale, certes, mais surtout selon sa valeur sociale. Elle varie en fonction de la hiérarchie qu'occupe la personne dans le clan ou dans la société. Plus haute est la position hiérarchique, plus grande est la valeur du cadeau ou du service. Ainsi, un même cadeau ou un même geste réalisé par votre supérieur, votre aîné, n'a pas la même valeur que par un homologue ou encore un subalterne ou un cadet.

Ce qui peut paraître bien compliqué aux yeux d'un Occidental est pourtant très clair pour tout Chinois. Il s'agit d'un non-dit social qui ne s'acquiert pas à l'école, ni dans les livres, mais dans l'environnement social, familial avant tout.

Un enseignant chinois qui vit en France depuis peu a raconté son premier « choc » culturel. Il préparait son déménagement. En Chine, dit-il, un professeur n'a pas besoin de demander, les élèves viennent d'eux-mêmes proposer leur aide. Il posa donc la question à ses étudiants français, sûr de leur réaction enthousiaste : « Y a-t-il des volontaires pour m'aider à déménager ? ». Silence total, suivi de tergiversations et de toutes sortes d'excuses. Quel embarras et surtout quelle déception chez cet enseignant pour qui la relation Maître-Elève est portée, depuis le temps de Confucius, à une place égale à la relation Père-Fils.

Un disciple, en chinois, se dit 弟子 *dizi* (frère cadet et fils). C'est donc une relation hiérarchique, bien sûr, mais aussi faite de devoir et de gratitude, fondée sur les sentiments. Le maître remplit le rôle du père et accomplit le devoir paternel en dehors de la famille. L'élève lui doit une gratitude quasi-filiale.

Parmi les sentiments, celui qui a le plus de valeur pour les Chinois, c'est le sentiment de gratitude : 感恩 (*gan'en*), encore une fois deux idéogrammes comportant l'un comme l'autre la clé *cœur*. Ensemble, ils signifient : savoir gré, éprouver de la reconnaissance pour le bienfait d'autrui.

« *Pour payer en retour une goutte de bienveillance, il faudra faire jaillir une fontaine* », dit un dicton populaire.

Cette belle tradition va-t-elle s'estomper avec l'avènement de la société moderne où les intérêts matériels prédominent ? Ce qui s'est passé lors du récent séisme au Sichuan permet d'être optimiste. D'innombrables histoires illustrent la profondeur de l'élan de solidarité : un soldat refuse de quitter son espace d'intervention au moment d'une forte réplique ; des volontaires, eux-mêmes touchés par le tremblement de terre mais se sentant suffisamment en bonne santé, retournent sur les lieux pour participer au sauvetage, avec seulement un peu d'eau et des biscuits.... Ces manifestations de fraternité ont été suivies, grâce aux média, par tout un peuple qui croyait être devenu esclave de l'argent-roi, et croyait avoir perdu ses valeurs traditionnelles.

3. Le sentiment comme outil de gouvernance

Tandis que les sociétés occidentales sont centrées sur l'Individu et les droits qui lui sont afférents, la société chinoise est basée sur les notions de devoir et de réciprocité. Selon le modèle confucéen, les trois relations cardinales : Souverain/Sujet ; Père/Fils ; Epoux/Epouse reposent sur des sentiments réciproques exprimés sous forme de devoirs.

Ainsi, le souverain, le père et l'époux ont un devoir de sollicitude respectivement envers le sujet, le fils et l'épouse. Et, réciproquement, ces derniers doivent montrer de la gratitude envers leurs bienfaiteurs. Aux temps féodaux, l'autorité de l'Empereur était fondée sur la hiérarchie absolue et la peur des punitions ainsi que sur la reconnaissance infinie des sujets pour « l'immense bienveillance impériale ». Que l'Empereur te gratifie d'un avancement, d'un cadeau ou d'une sanction, voire de la décapitation, tu devais te prosterner et remercier le souverain pour ses « immenses bienfaits ».

De même, la relation entre les *fumuguan* – mandarins Père-Mère - et les *zimin* – peuple-fils est calquée sur celle entre Père et Fils, donc « sollicitude-gratitude ». Il est courant qu'en Chine, une victime politique, une fois réhabilitée, dise mille fois merci à l'organisation du Parti qui l'a persécutée. Une fois, la télévision chinoise a montré un mineur qui, rescapé d'une explosion souterraine, s'est prosterné devant son chef pour lui avoir sauvé la vie alors que ce dernier était, en fait, directement responsable du désastre.

En Chine, les larmes peuvent changer bien des choses parce qu'elles parlent au cœur des gens. Sur les écrans chinois, grands et petits, on voit beaucoup de larmes et savoir en verser est un critère qui distingue les bons acteurs des médiocres. Lors du séisme au Sichuan en 2008, les présentateurs de chaînes de télévision chinoises qui ont versé des larmes pendant les émissions ont été cités à l'ordre du jour comme s'ils avaient accompli un exploit. L'image de « Grandpa Wen », Premier ministre chinois, larmes aux yeux, prenant dans ses bras un enfant sauvé des décombres, en a ému plus d'un.

Le sentiment est également un outil de gestion de crise. Lors de la dernière session de l'Assemblée nationale, en 2009, le Premier ministre chinois Wen Jia-bao a appelé le peuple à « réchauffer l'économie avec le cœur » afin de surmonter les difficultés que l'Etat connaît en cette période de crise. Souvenez-vous que, dans la langue chinoise, le mot Etat est composé de deux idéogrammes :

国 *guo*(l'Etat)家 *jia* (la Famille)

Toutes les valeurs confucéennes partent de celles issues de la famille. Gérer une entreprise ou un Etat se fait exactement de la même manière que gérer une famille.

Revenons à la notion de *guanxi* - le réseau. C'est avant tout une affaire de « face » : avoir la face soi-même et donner la face aux autres. Et la face chinoise repose sur les sentiments. On a donc besoin des sentiments pour tisser un réseau de relations et le gérer. Le contrat, ou même la loi, dans beaucoup de cas, cède la place à une bonne relation, donc au sentiment. En Chine, on dit que « *Le tampon rond* (qui symbolise l'administration, une relation officielle) *ne vaut pas le visage rond* (une relation personnelle) ». Tisser les *guanxi* se fait donc, le plus souvent, en dehors de la salle de négociation. Manger ensemble, chanter ensemble, faire mille *ganbei* (cul sec), s'offrir des cadeaux, voilà comment on construit les *guanxi*.

Au fur et à mesure que la Chine se développe, la société change également. Elle est en passe de devenir un Etat de droit, mais « aux caractéristiques chinoises ». Par conséquent, les *guanxi* restent la toile de fond et les sentiments y tiennent toujours une place importante.

4. Le sentiment comme stratégie de communication

Comment argumenter pour convaincre un Chinois ? Voilà une question que se posent de nombreux hommes d'affaires occidentaux qui négocient avec des Chinois.

Pour eux, argumenter, c'est apporter des éléments factuels ou analytiques pour appuyer la démonstration, alors que les Chinois ne suivent pas la même démarche.

Dans le trio : *qing-li-fa,* c'est-à-dire sentiment-raison-loi, trois éléments d'une société, les Chinois n'aiment pas trop avoir recours à la loi car un procès « déchire la peau de la face » et conduit à la rupture totale de la relation. Restent *qing* et *li* – sentiment et raison. Deux expressions illustrent bien la façon chinoise de convaincre. Il s'agit d'« éclairer par la raison » et d'« émouvoir par les sentiments ».

Voici la célèbre anecdote des « *Trois visites à la chaumière* ». A l'époque des Trois Royaumes (220-265), le roi des Shu, Liu Bei, avait besoin de l'assistance du grand stratège Zhuge Liang qui était cependant réticent à quitter sa vie tranquille d'ermite. Ce dernier fut finalement ému par l'humilité et l'insistance de Liu qui s'était rendu trois fois de suite dans sa chaumière à la campagne. Il lui en saura d'ailleurs gré toute sa vie et restera inconditionnellement dévoué à sa cause. Zhuge Liang usera de la même tactique à l'égard des généraux ennemis capturés. Non seulement il déliait lui-même les liens des prisonniers ligotés mais il leur offrait un siège. Ces derniers, attendris, acceptaient souvent de capituler.

« Comparer ton cœur au mien » est une autre belle expression chinoise ayant trait au cœur, donc au sentiment. *En me mettant à ta place et en parlant directement à ton cœur, j'aurai certainement plus de chance de te gagner à ma cause.* Il existe un stratagème qui se nomme « attaquer au cœur ». Par exemple, chanter des chansons du pays natal des soldats de l'armée adverse pour susciter leur nostalgie et les démoraliser a été une tactique maintes fois utilisée dans l'histoire chinoise. Sous la Dynastie de Mao, le Parti appelait chacun à « mener la révolution au plus profond du cœur ». Pour te faire reconnaître une erreur souvent imaginaire, on te lit cet enseignement du Président Mao : « *D'innombrables martyrs ont trouvé la mort pour l'intérêt du peuple, et nous avons le cœur gros en pensant à eux* ». Alors, apparaît dans ta tête l'image de ces « innombrables martyrs », imprimée depuis ton enfance par le Parti, et tu penses : « *Ces héros n'ont pas hésité à affronter la mort. Pourquoi moi, j'hésiterais simplement à reconnaître une erreur... même si elle n'existe pas ?* » Ainsi, rongé de honte, tu ravales ton sentiment d'injustice et fais ton autocritique. Certains sont allés jusqu'à s'avouer « ennemis du peuple », risquant les punitions les plus sévères.

Effectivement, le sentiment est un moyen efficace de communication et de conviction. C'est pourquoi, dans une négociation, évoquer une amitié « longue et profonde » entre les deux peuples (ou les deux entreprises), offrir maints cadeaux et inviter à répétition peut mettre l'interlocuteur dans une situation de gratitude qui le pousse à faire plus de concessions que prévu.

5. 忍 ren – le couteau sur le cœur et la joie de vivre

Un autre idéogramme, toujours avec la clé cœur, reflète un aspect important de la mentalité chinoise. C'est 忍 *ren* – le couteau contre le cœur. Il signifie « endurer, tolérer ». Imaginez ! On enfonce la pointe d'un couteau dans votre cœur, et vous devez endurer cette souffrance. Qui d'autre peut en arriver là, sinon un Chinois ?

Cette capacité presque surhumaine, les Chinois l'ont acquise à travers les grands malheurs qu'ils ont traversés. Ce peuple, foncièrement paysan, a été longtemps à la merci des caprices de la nature qui n'a jamais été clémente : les sécheresses, les inondations, les sauterelles, les calamités naturelles de toutes sortes n'ont cessé de sévir. A cela s'ajoutaient des guerres interminables. Les Chinois ont enduré des souffrances comme aucune autre nation n'en a connues. Impuissants devant les désastres, leurs ancêtres ont dû se résigner à leur sort, aussi tragique qu'il ait été. C'est pourquoi, en dépit du conflit qu'opposent ses préceptes (détachement de la vie sociale, pratiques stoïques, etc.) à ceux prônés par la doctrine orthodoxe confucéenne, le bouddhisme a prospéré en Chine, car lui seul montrait aux Chinois l'espoir d'une vie future meilleure dans la réincarnation. En gardant cet espoir, le peuple a développé, de génération en génération, une capacité d'intériorisation de la douleur et des souffrances hors du commun.

Certes, cette résignation - un couteau pointé contre le cœur - crée une inertie qui ne favorise pas le progrès de la société. L'histoire chinoise n'a cessé de le démontrer. Cependant, elle n'en est pas moins une vertu exceptionnelle, une stratégie, celle de savoir subir les injustices et endurer les souffrances afin de prendre sa revanche, même longtemps après. Une histoire vieille de deux mille ans, connue de tous les Chinois, raconte qu'à l'époque des Royaumes Combattants (de –975 à –221), Gou Jian, le roi des Yue, fut vaincu par l'armée des Wu, un royaume voisin du Nord. Lui-même, capturé, dut servir d'esclave au roi des Wu, Fu Chai. Pendant trois ans, Gou Jian feignit une résignation totale si bien que Fu Chai, à la fin, ne le redoutant plus, le relâcha. De retour dans son royaume, Gou Jian continua d'afficher obéissance aux Wu. De peur que le confort de la vie retrouvé n'émousse sa volonté, il couchait sur la paille et goûtait, à chaque repas, du fiel d'une vésicule qu'il suspendait dans sa chambre afin de ne jamais oublier la honte qu'il avait subie. En même temps, il travailla avec son peuple à transformer son pays en une puissance. Il finit par prendre sa revanche en battant l'armée de Fu Chai et en annexant le Royaume des Wu. Cette histoire a donné naissance à une expression chinoise, *woxinchangdan* (coucher sur la paille et goûter du fiel de vésicule), qui inspire les Chinois depuis deux mille ans.

C'est aussi une belle illustration du concept de *wuwei* - l'action dans la non-action.

Pour les Chinois, la capacité d'endurance est souvent le signe d'une grande sagesse. « *Ne pas supporter un détail peut conduire à l'échec d'un grand projet* ». Cet enseignement de Maître Kong est suivi par tous les Chinois. La tactique de « se mettre à l'ombre et attendre son heure » à laquelle Deng Xiao-ping a eu recours après l'événement de Tiananmen s'inscrit dans le droit fil de ce concept.

Curieusement, les Chinois possèdent, en plus d'une grande capacité à intérioriser les douleurs, celle de les transformer en joie. Face à des conditions de vie misérables, à des difficultés insolubles, à des souffrances qui rendraient un Occidental malheureux, un Chinois reste joyeux et ne s'en amuse pas moins.

Voici une lecture indispensable à recommander : « *La vraie histoire d'Ah Q* » du célèbre écrivain chinois Lu Xun. Il y dépeint un personnage piteux et misérable, qui rate tout ce qu'il entreprend. Pourtant, il est toujours content car il dispose d'une arme à toute épreuve : la méthode dite de la « victoire spirituelle ». Par exemple, chaque fois qu'il est frappé par un villageois, il pense : « *ce n'est que le fils qui a frappé son père* »[1]. De cette façon, il ne s'apitoie plus sur son sort et cesse d'être malheureux. A la fin, il est condamné à mort et, sur le chemin qui le mène au terrain d'exécution, entouré de la foule venue pour l'occasion, il se met à chanter à haute voix : « *Dans vingt ans, je reviendrai sur terre et serai de nouveau un Homme !* » Et la bonne humeur lui revient. Par ce personnage, Lu Xun tourne en dérision un défaut des Chinois : une

---

1 Ce qui signifie « cette personne a une valeur inférieure à la mienne, il ne me fait pas mal en me tapant »

résignation paralysante qui serait responsable du retard du pays. Mais cet état d'esprit a aussi un aspect positif : une très grande endurance aux souffrances de la vie et un bon équilibre psychologique. Dans la vie, les Chinois aiment dire : « *Il m'en manque si je me compare avec le haut, mais je suis dans une meilleure situation, comparé avec le bas* ». Satisfait de peu, on n'a rien à craindre. Cette manière de penser les a aidés à ne pas sombrer aux pires moments de l'histoire. Au contraire, on trouve un bonheur relatif en se réfugiant sur son petit îlot.

Ceux qui voyagent en Chine sont surpris d'y rencontrer beaucoup de sourires. Avec le développement fulgurant du pays, les gens vivent mieux, certes. Mais la plupart sont encore pauvres et ont pourtant pas mal de soucis : la flambée des prix des logements, les dépenses en soins médicaux et pour l'éducation des enfants pèsent lourd sur beaucoup de familles. D'où vient alors cette joie sincère, même chez ceux qui ont tant de problèmes ?

Le secret réside dans la notion de *sérénité*, une valeur que les Occidentaux n'ont jamais vraiment recherchée. Pourtant, c'est la source du sourire chinois.
« La vie est une grande scène de théâtre ». En effet, pour les Chinois, la vie est un jeu où chacun joue un certain nombre de rôles. Le jeu, par définition, vise à amuser, à distraire, à donner de la joie. La joie, ou du moins l'envie d'être joyeux, se cache derrière toute face chinoise qui est souvent peu expressive ou semble un peu trop « sérieuse ».

Le mot 玩 (*wan*) - s'amuser - est une constante dans la vie des Chinois. Ceux qui connaissent ce peuple s'étonnent de voir combien il aime *wan* – s'amuser : jouer aux cartes, au mah-jong, également se distraire, au karaoké, en partageant un thé ou un repas, à parler de tout et de rien… L'important, c'est 寻开心 (*xunkaixin*), littéralement « chercher à ouvrir le cœur », ce qui signifie « chercher la joie ». La plus grande joie, c'est d'être ensemble. Les Chinois aiment les réunions familiales, les réunions entre amis ou simplement les rassemblements où règne une grande animation (en chinois 热闹 *re'nao*, ce qui se traduit par « chaleur et vacarme »), comme à l'Opéra de Pékin, par exemple, où les chants des acteurs s'accompagnent de gongs, de tambours, de violons chinois... et des acclamations du public.

Dans un restaurant en Chine, les gens parlent fort, hurlent presque, l'ambiance y est bruyante avec de la musique, des chants, les voix des voisins, des toasts à n'en plus finir, on joue à la mourre[1], on se lève, on bouge, on se rassoit, les enfants courent entre les tables... Ça, c'est *renao*, l'ambiance préférée des Chinois et la source de leur joie. Un repas, c'est aussi un jeu, un moment où l'on crée ou consolide des réseaux de relations, *guanxi,* en même temps que l'on s'amuse.

« *Tout manque à la Chine, mais pas l'animation ; un Chinois peut tout supporter, mais pas la solitude* » a dit Wang Meng, célèbre écrivain contemporain.

Un touriste occidental a ainsi décrit un spectacle qui lui est resté en mémoire : à Pékin, sur les places publiques, dans les parcs, au coin des rues ou dans les quartiers résidentiels, des personnes âgées s'activent : certains se rassemblent pour chanter à tue-tête des vieilles chansons qu'ils connaissent par cœur, ou bien des airs de l'Opéra de Pékin tout en jouant des rôles divers ; d'autres encore pratiquent toutes sortes de gymnastiques chinoises, du *qigong*, du *taijiquan*, valsent en couple ou même dansent le disco en agitant les hanches. Ici on joue aux cartes, là-bas aux échecs, au mah-jong... Ces gens ont certainement leurs propres soucis et n'ont pas forcément beaucoup d'argent, mais leur bonheur est écrit sur leur visage.

---

1 Un jeu de hasard très répandu en Chine notamment dans le Nord, dans lequel deux personnes se montrent rapidement et simultanément un certain nombre de doigts dressés en criant un chiffre qui doit représenter la somme des doigts montrés par les deux joueurs, celui qui donne le chiffre juste gagne, le perdant doit boire.

6. Le *Xin* en pratique

Le rôle du cœur va-t-il diminuer avec l'avènement d'une société moderne et occidentalisée ?

En Chine, on plaisante avec l'idéogramme « amour » - 愛 qui, en écriture simplifiée, devient 爱. Comparez bien les deux et vous remarquerez un changement patent : le signe *cœur* qui se trouvait au milieu a disparu ! « On n'aime plus avec le cœur », dit-on.

Anecdote mise à part, cela est peut-être symbolique d'une nouvelle époque où les Chinois penseront davantage avec la tête qu'avec le cœur et où *daoli* se rapprochera de la rationalité. Néanmoins, cet attachement aux sentiments restera ancré et les Chinois, en tant que membres d'une nation de nature émotionnelle, ne vont pas se transformer en un peuple qui n'a qu'un raisonnement détaché.

La porte-parole du gouvernement chinois, en commentant les « attaques » des media étrangers (comme les injures de Jack Catterty de CNN) ne déclare-t-elle pas que ces calomnies ont « *gravement blessé les sentiments du peuple chinois* » ? Vrai ou faux, cela montre combien le sentiment est une affaire sérieuse pour les Chinois. « Toucher sur le plan émotionnel » reste un moyen très efficace dans la communication avec eux.

Un Occidental aurait peut-être du mal à « tenir une comptabilité des sentiments », mais cela ne l'empêche pas de tenir compte de la dimension du cœur afin de construire un réseau (*guanxi*). Même si le mur entre Nous et Eux ne va pas complètement disparaître de sitôt, il est aujourd'hui possible pour les Occidentaux de nouer une relation d'amitié authentique avec les Chinois qui ne sont plus, comme du temps de Mao, des « hommes de l'Organisation ». « Comparer ton cœur au mien » finira par payer et beaucoup d'obstacles tomberont.

Le cœur a également sa place dans le domaine managérial. Le capital, de par sa nature, ne tient aucun compte du sentiment. Il est important de l'humaniser. Investir en argent, en capital, oui, mais aussi en sentiments.

En Chine, les entreprises étrangères les plus appréciées sont celles qui acceptent « l'investissement sentimental » : elles accompagnent le développement économique, environnemental et sociétal du pays, participent activement aux actions humanitaires et assument volontiers leur responsabilité sociale.

De même, au sein de l'entreprise, de plus en plus d'éléments « humains » sont introduits : repas, sorties, excursions, karaoké, mise en place de plans d'épargne-logement..., tout est fait pour que les employés ne soient plus considérés comme de simples ressources humaines, mais comme de vraies personnes ayant des sentiments. Avec le cœur, l'ambiance est plus harmonieuse et beaucoup de conflits peuvent être évités ou résolus sans heurt.

Toutefois, le cœur ou le sentiment est une arme à double tranchant. Trop de sentiment peut nuire. Cela peut parfois compliquer les choses, empêcher de résoudre un problème ou de conduire une affaire de façon objective et rationnelle. Entre Chinois, il arrive souvent, par exemple, que l'on ne clarifie pas à temps un différend ou un conflit latent, de peur de heurter la sensibilité de l'autre, jusqu'à ce que la situation se dégrade, que le conflit soit déclaré et qu'à la fin, les deux parties « se déchirent la peau du visage », expression indiquant une rupture définitive.

Il faut donc toujours placer la dimension « sentiment » dans le cadre de la loi et du contrat sans se laisser dominer par le cœur qui est souvent irrationnel.

Deuxième sous-partie :
Réussir la troisième rencontre Chine-Occident

En décortiquant les trois pictogrammes : *zhong, yi et xin*, nous avons indiqué des accès nouveaux à la mentalité et à la manière de penser des Chinois. Cela suffit-il à décrypter ce que nous avons appelé « la boîte noire » chinoise ?

Certainement pas. La boîte noire ou, plutôt, les boîtes noires chinoises sont, au sens propre, impénétrables aux étrangers. Elles sont liées à la longue histoire du Pays du Milieu, à son espace territorial immense, à son écriture unique au monde et, surtout, à une symbiose de nombreux courants de pensée, religions et philosophies qui ont créé une des plus anciennes et des plus riches civilisations du monde, dotée d'une conception du monde fort différente de l'occidentale et d'une échelle spécifique de valeurs. Qui plus est, cette conception et ces valeurs évoluent avec le temps. On n'arrivera jamais à les décrypter de façon exhaustive.

Ce que nous avons essayé de montrer, avec les trois caractères choisis, c'est, pour un public occidental, un aperçu d'un monde différent, avec l'espoir que cela suscite chez lui davantage de tolérance, surtout de curiosité et d'envie d'apprendre. L'objectif est de réduire la « distance culturelle » et d'éviter les malentendus qui risquent de conduire aux conflits voire au choc de civilisations.

Chapitre I : Apprenons l'un sur l'autre

1. Attention aux stéréotypes

Toute approche vers une autre culture n'échappe pas aux dangers des stéréotypes. Dès que l'on dit « les Chinois » ou « les Occidentaux », on est dans le stéréotype, faisant ainsi l'impasse sur l'immense diversité des populations. Par ailleurs, une population ne connaît pas nécessairement sa propre culture, elle se contente, le plus souvent, de la vivre naturellement.

Nous avons donc pris un risque en essayant d'expliquer la boîte noire chinoise à partir des trois idéogrammes qui, selon nous, représentent des dénominateurs communs de la mentalité chinoise. En faisant cela, on tombe inévitablement dans le stéréotype.

Les stéréotypes sont renforcés de nos jours par l'extrême facilité d'accès aux informations grâce aux technologies modernes, notamment à Internet. La planète est plate, dit-on. Les gens, surtout les jeunes, croient qu'un clic de souris suffit pour accéder au monde entier, à toute culture étrangère sans efforts ni expériences directes. On confond connaissance et compréhension, on prend les stéréotypes pour la réalité, d'où les malentendus, toujours nombreux et de plus en plus profonds.

Voici un stéréotype très répandu en Chine : « français » est synonyme de « romantique ». Si on veut approfondir un peu, on sera encore plus surpris de découvrir que, dans la tête de tous les Chinois, le romantisme français est lié à l'amour, et plus exactement à un comportement sexuel libéré. Croire que l'on peut accéder à une culture étrangère à travers des stéréotypes ou des informations relayées par les media, présente donc un risque certain.

Après l'échec des deux rencontres historiques entre l'Occident et la Chine, la troisième, après une amorce euphorique, connaît son « heure de vérité », le moment où surgissent les malentendus, naissent les doutes et les méfiances réciproques qui risquent de miner le chemin vers une coopération sincère et efficace.

En ce moment crucial et particulièrement difficile, l'effort à fournir doit être réciproque et l'un doit aller vers l'autre. Dans ce domaine, force est de constater qu'il y a un certain déséquilibre et que la balance de l'ignorance pencherait plutôt du côté occidental que du côté chinois.

A partir de la deuxième moitié du XIXe siècle, les Chinois, ayant subi des défaites militaires cuisantes et humiliantes de la part des puissances occidentales ainsi que du Japon (en 1895), se sont mis sérieusement à l'école de l'Occident. Depuis lors, ils n'ont cessé d'assimiler les connaissances scientifiques et technologiques occidentales, les savoir-faire, les théories en matière d'économie et de management, mais aussi la langue, l'histoire, la littérature, l'art, la philosophie des pays occidentaux et du Japon. Des universités ont formé et forment encore des millions de jeunes à comprendre les Français, les Américains ou les Allemands. Cet effort d'apprentissage a été décuplé depuis ces trente dernières années. En Chine, les publications, les programmes de télévision et les articles de journaux et de revues qui présentent l'Occident sous tous ses aspects sont extrêmement nombreux et ils sont en général assez objectifs.

Regardons ce qui se passe en Occident : les choses ont pris une allure différente. Depuis sa deuxième rencontre avec la Chine, au XIXe siècle, l'Occident se place dans une position de supériorité, ce qui a eu des conséquences dans l'éducation des élites et dans l'information de la population. Qui s'est vraiment intéressé à la Chine, à part les sinologues ou ceux qui avaient des besoins pratiques pour le travail, les recherches, etc. ? Même pour le Japon, jadis disciple de l'Empire du Milieu, la Chine est devenue un contre-exemple à éviter. Certes, dernièrement, avec l'émergence fulgurante de la Chine, l'Occident s'y intéresse de plus en plus, mais la masse nouvelle d'informations dispensées est truffée de caricatures et de *clichés* et, dans la plupart des cas, ces données ne prennent pas en compte les changements rapides qui transforment le pays ni les vraies tendances de la société chinoise.

Cet écart d'intérêt et de connaissance se creuse et risque de jouer en défaveur de l'Occident.

« Si la Chine fournit un gros effort pour connaître l'Occident, c'est qu'elle en a besoin puisqu'elle a opté pour l'ouverture et désire s'intégrer à la communauté internationale », disent certains Occidentaux qui cherchent à justifier leur désintérêt et leur ignorance vis-à-vis de la Chine.

Voilà encore un signe d'arrogance, l'Occident semblant aider une pauvre brebis égarée à retrouver son troupeau... Réfléchissons bien : qui a le plus besoin de l'autre ?

Il est vrai que, depuis l'ouverture et aujourd'hui encore, les Chinois ont besoin des techniques et des marchés occidentaux. Mais ces techniques, les Occidentaux se battent pour les offrir à la Chine : Alstom contre Siemens, pour faire des métros ou des trains à grande vitesse ; Areva contre Westinghouse-Toshiba pour vendre des centrales nucléaires et céder leurs technologies. Rien ne force les Occidentaux à accepter ces transferts de technologies, si ce n'est l'intérêt du marché chinois.

Rien n'oblige les entrepreneurs occidentaux à délocaliser leurs usines si ce n'est la qualité des travailleurs chinois, nombreux, disciplinés (du moins pour l'instant), attentifs à apprendre vite, peu exigeants. Pour tout pays occidental, être absent du marché chinois est une condamnation à mort de son économie.

Oui, les produits *Made in China* inondent les marchés américains et européens. Mais comme les délocalisations, cela n'a pas été imposé par la Chine. C'est un choix volontaire des consommateurs occidentaux qui plébiscitent ces bijoux technologiques, ces vêtements, ces outils de tous les jours à des prix défiant toute concurrence.

2. *Apprendre* plutôt que *Comprendre*

Depuis des années, en France comme ailleurs, de nombreux spécialistes ont écrit des livres et des articles sur la Chine, qui donnent un certain nombre de « clés » pour aider les lecteurs à comprendre la Chine.

Cela correspond à un besoin réel du public occidental, en particulier français, soi-disant cartésien, qui a une démarche intellectuelle conditionnée par le *logos* et cherche à comprendre le monde à travers des modèles établis. Devant l'inconnu qu'est une Chine en pleine transformation, l'Occident se sent mal à l'aise et l'envie est forte d'obtenir des recettes, des schémas, des clés, ne serait-ce que pour trouver des explications aux événements.

Or toute culture étrangère est une jungle difficile d'accès et la culture chinoise l'est davantage de par sa dimension tant temporelle (6000 ans d'histoire) que spatiale (une superficie de 9,6 millions de km^2), sa diversité tant ethnique (56 ethnies) que linguistique (plusieurs centaines de dialectes régionaux dont plus de 80 inintelligibles les uns par rapport aux autres). Nous avons pu mesurer, à travers les interprétations des trois idéogrammes proposés, la profondeur de cette culture enracinée. Vouloir la comprendre et l'expliquer à l'aide de quelques clés ou schémas ne relève-t-il pas d'une ambition irréaliste ?

Il y a cent ans, un savant chinois polyglotte, Kou Houng Ming (1856–1927), a écrit en anglais « *L'esprit du peuple chinois* », traduit ensuite en allemand et en français. Il y a avancé cette célèbre thèse : l'esprit chinois possède « *quatre qualités qu'il faut avoir pour le comprendre : la profondeur, l'étendue, la simplicité et la délicatesse* ». Selon lui, chaque nation occidentale manque de l'une ou l'autre de ces qualités : les Américains ont l'étendue et la simplicité, mais pas la profondeur ; les Anglais ont la profondeur et la simplicité, mais pas l'étendue ; les Allemands ont la profondeur et l'étendue, mais pas la simplicité. Quant aux Français, dit-il, ils n'ont ni la profondeur des Allemands, ni l'étendue des Américains, ni la simplicité des Anglais, mais « *disposent de la délicatesse (au sens de sensibilité) pour mieux approcher cet esprit* ».

Prenons l'exemple de la cuisine chinoise. Si vous allez occasionnellement dans des restaurants chinois à Paris, à Londres ou lors d'un voyage en Chine, à Pékin, à Shanghai, vous vous dites : « voilà ce que mangent les Chinois ! » Cela fait penser à ce groupe de non-voyants, dont chacun, en touchant une partie de l'éléphant, croit dur comme fer qu'il en a embrassé tout le corps. « *L'éléphant est comme un mur* », dit celui qui a touché son ventre. « *Non, il est plutôt comme un éventail* », conteste celui qui a effleuré une oreille. « *Pas du tout, c'est un bâton* », affirme celui qui tient la queue, et ainsi de suite.

Un dicton chinois décrit ainsi les goûts différents des Chinois *:* « *Salé dans le Nord, sucré dans le Sud, acide dans l'Est, pimenté dans l'Ouest.* » La réalité est mille fois plus variée que ne le dit ce proverbe.

Les *Lao Wai* (« étrangers » en chinois populaire), logés dans des hôtels étoilés, accompagnés de Chinois costumés et cravatés, anglophones ou francophones, donc plus ou moins occidentalisés, ne fréquentent que des endroits de luxe, complètement détachés du quotidien des Chinois ordinaires, ils sont indifférents à leurs soucis et leurs peines. Comment peuvent-ils alors connaître la Chine et comprendre les Chinois avec seulement quelques clés de décodage, quelques brefs voyages et quelques contacts superficiels ? C'est une totale illusion.

Comprendre, c'est égaler. Pour vraiment comprendre, il faut, au moins, posséder la langue dans ses nuances, avoir vécu suffisamment longtemps dans le pays, au milieu de la population, et surtout être doté d'une grande capacité d'empathie pour véritablement appréhender les valeurs de l'autre, acquérir la vision de l'autre…

Quant à certains « spécialistes de la Chine » occidentaux, on les entend souvent donner des leçons, proposer des clés et apporter leurs prévisions péremptoires, souvent apocalyptiques, de la Chine : le modèle se fissure, l'économie va sombrer, la société va craquer, le régime va sauter... Mais la réalité n'a cessé, jusqu'aujourd'hui, de les contredire.

De toute manière, pour l'immense majorité des Occidentaux, même pour ceux qui sont actifs en Chine, l'investissement en temps et en énergie requis pour posséder la langue et connaître la culture n'est pas justifié.

On peut comparer la connaissance d'une autre culture à l'escalade de l'Everest : plus on monte (dans la compréhension), plus l'oxygène se fait rare. On perd son souffle devant l'ampleur d'un défi auquel on est rarement préparé. Seuls quelques héros, particulièrement ambitieux, résistants... ou inconscients, arrivent au sommet.

Que faire pour les autres ? Ne désespérons pas. Il existe des solutions, des raccourcis. Certes, le sommet de l'Everest reste hors d'atteinte mais il est envisageable de le contourner, tout en l'admirant. Il est possible de trouver les voies pour travailler avec d'autres cultures, même aussi lointaines et aussi complexes que la culture chinoise.

La première voie c'est, d'une certaine façon, de renoncer consciemment à tout comprendre. Voici le témoignage d'un homme d'affaires français qui a une longue expérience chinoise : « *Après des décennies de travail en Chine, je sais que je ne sais pas grand-chose et que je ne saurai jamais tout ce qu'il me faudrait savoir. J'accepte de ne pas tout comprendre et je trouve mes partenaires très tolérants vis-à-vis de moi. Je me sens bien en travaillant avec des gens différents, hommes du privé et fonctionnaires, dirigeants et employés, Chinois du Nord, du Centre et du Sud, et j'arrive à établir entre eux et moi des passerelles qui sont suffisantes pour collaborer efficacement ensemble et aussi pour être heureux d'être ensemble.* ». Oui, on peut coopérer sans chercher à tout comprendre. C'est en quelque sorte *wuwei,* l'action dans la non-action.

La deuxième voie, c'est de ne pas renoncer à apprendre. Tout effort vers l'autre est toujours récompensé. On ne saura jamais parler très bien chinois, mais quel plaisir de dire quelques mots, de politesse ou de survie, de déchiffrer quelques idéogrammes, de découvrir les petites villes et la campagne chinoises, de connaître quelques périodes de l'histoire chinoise, de pénétrer quelques aspects de la culture chinoise, de lire des romans chinois, traduits certes mais qui conservent la saveur de l'original ! De tous ces efforts, vos amis ou partenaires chinois vous en sauront gré car ils apprécient même la tentative vaine, le résultat médiocre. Ils apprécient surtout le geste, l'approche vers l'autre, l'intérêt porté. La récompense est au centuple de l'effort, tant cet effort paraît difficile.

Voilà la vraie clé : APPRENDRE. L'entente entre les deux grandes civilisations ne peut pas rester l'affaire d'une élite. Cela nous concerne tous et n'exige pas une capacité intellectuelle hors du commun. Il suffit d'avoir l'humilité et la curiosité. D'abord, on apprend à accepter l'autre tel qu'il est, sans vouloir le façonner ou le transformer ou, comme on l'entend si souvent, « l'aider ». Puis, on apprend à s'entendre, à partager notre monde qui est suffisamment grand pour nous tous. De là, on pourra réduire les malentendus et les conflits, éviter à tout prix les conflits graves qui conduiraient à une nouvelle rupture. Et peut-être, à ce moment-là, pourra-t-on prétendre SE COMPRENDRE.

3. Ce que l'Occident peut apprendre de la Chine

Le premier élément que l'Occident doit emprunter à la civilisation chinoise est certainement l'humilité, la même humilité avec laquelle l'Asie (d'abord le Japon, enfin la Chine) s'est mise à l'école de l'Occident. Il faut bien le reconnaître : jusqu'à présent, l'Asie est un bien meilleur élève que l'Occident. Le moment est venu pour l'Occident de cesser de camper sur sa supposée supériorité, de se considérer comme le maître, le centre du monde et le seul détenteur des valeurs universelles. Non seulement l'universalité déclarée de ces valeurs est discutable mais elles ont aussi besoin de se développer et de s'enrichir. Les autres civilisations, la civilisation chinoise notamment, ont beaucoup à apporter.

Il est vrai que, dans le vaste domaine de l'organisation de la production industrielle, les entreprises occidentales, au cours des décennies précédentes, se sont inspirées des expériences japonaises, des modalités innovantes (*KANBAN, KAIZEN*, « *juste à temps* », « *lean production* », « *cercles de qualité* ») qu'on appelle communément le « toyotisme ». De même, depuis un certain nombre d'années, de plus en plus d'Occidentaux, entreprises comme individus, montrent un intérêt accru pour la Chine et le nombre d'étudiants qui apprennent le chinois dans les universités, voire dans les lycées, connaît une augmentation spectaculaire. Beaucoup d'ouvrages sont publiés et la Chine fait souvent la une des journaux. Cependant, nous constatons que cet intérêt est surtout motivé par des besoins concrets : des jeunes qui veulent trouver du travail, des entreprises désireuses de développer leurs affaires, etc. Rares sont les Occidentaux qui considèrent la culture chinoise comme un complément indispensable à leur propre bagage culturel et ont envie d'apprendre des éléments de la culture chinoise pour **s'améliorer**. Depuis plusieurs siècles, l'Occident a sans cesse cherché à transformer le monde à son image, à *l'occidentaliser*. Dans une certaine mesure, il a réussi.

Mais les temps ont changé. L'Occident doit désormais rattraper son retard dans l'apprentissage des autres civilisations. Cette démarche nécessite une certaine curiosité pour l'autre alors que la majorité des Occidentaux, toujours obnubilés par leur ancestral complexe de supériorité, n'ont pas pris conscience de l'importance, ni de l'urgence, d'accepter d'autres visions, et d'entrer dans d'autres « paysages mentaux »..

La théorie de Geert Hofstede[1] sur « la culture nationale » en cinq dimensions illustre bien la grande différence entre la culture chinoise et les cultures des pays occidentaux. La Chine se distingue tout particulièrement dans deux de ces cinq dimensions.

Premièrement, dans la dimension individualisme/collectivisme, on constate que la Chine accorde une très grande importance aux comportements collectifs. Rappelons-nous les deux idéogrammes chinois *guo* (Etat) intégré à *jia* (famille). En Occident, l'individu a une importance absolue. Les droits et la liberté de l'individu sont donc sacrés et inviolables. Ce concept a joué un rôle historique pour libérer la pensée de l'homme du joug du totalitarisme. Cependant, en allant trop loin, l'individualisme sans limite peut également devenir un frein au progrès de la société. Dans ce sens, l'Occident ne devrait-il pas emprunter des éléments à la culture chinoise qui insiste davantage sur la collectivité et les relations (*guanxi*) durables entre personnes ?

L'orientation à long terme (*Long Term Orientation*) que Hofstede nomme également "le dynamisme confucéen" *(Confucian Dynamism)* est une cinquième dimension qu'il a ajoutée à son échelle de « culture nationale » après avoir observé le phénomène des *Dragons Asiatiques*[2] et ensuite l'émergence de la Chine.

Hofstede a attribué l'efficacité dont ont fait preuve la Chine et les Nouveaux Pays Industrialisés asiatiques (les quatre *Dragons*) à leur vision à long terme, grâce à laquelle ils ont montré une persévérance exceptionnelle pour surmonter les difficultés auxquelles ils étaient confrontés. Les Chinois ont, bien sûr, une longue histoire mais aussi une détermination à toute épreuve

---

1 Geert Hofstede, né en 1928 aux Pays-Bas, a fondé une théorie de « la culture nationale » en cinq dimensions, à savoir la distance hiérarchique, le contrôle d'incertitude, l'individualisme / le collectivisme, la masculinité / la féminité et l'orientation à long terme.
2 Grâce à leur performance exceptionnelle sur le plan économique dans les années 80, Taiwan, Hongkong, Singapour et la Corée du Sud ont été surnommés « Quatre Petits Dragons Asiatiques ».

pour réaliser leurs rêves (les J.O. par exemple). Le temps est un allié fidèle de la civilisation chinoise. D'un point de vue stratégique, la vision chinoise a un avantage certain sur le concept occidental de *timing* (organisation du temps, méthodique certes, mais souvent précipitée).

Embrasser une situation dans sa globalité, voir plus loin et maintenir une relation durable au lieu de « faire un coup » ou viser des gains immédiats, ce sont autant de leçons à apprendre pour les Occidentaux, entreprises ou individus, qui souhaitent réussir en Asie, et en Chine en particulier.

Revenons maintenant aux trois idéogrammes *zhong, yi* et *xin* que nous avons décryptés et qui comportent bien des enseignements utiles.

La vraie différence qui distingue la civilisation chinoise de la civilisation occidentale réside dans la conception du monde. La vision chinoise est basée sur l'idée de *UN* – l'univers (le Ciel, la Terre et l'Homme), d'où la préférence pour la convergence, la synthèse, l'unité et l'harmonie alors que la philosophie grecque, dont la pensée occidentale est l'héritière, insiste davantage sur l'idée de *Deux* – la dichotomie, l'analyse, l'opposition, la confrontation, la contestation. Les deux philosophies, à des périodes historiques différentes, ont fait la preuve de leur efficacité mais aussi de leur inefficacité. L'Asie a, depuis longtemps, commencé à assimiler la méthode analytique occidentale ainsi que les connaissances scientifiques et technologiques issues de cette méthode. Quant à l'Occident, il peut s'inspirer de la philosophie chinoise pour remédier aux effets négatifs et aux abus d'un système politique et social qui implique la domination de la majorité sur la minorité (un des fondements de la démocratie) et pour rechercher une synergie des forces plutôt que de les opposer dans des conflits.

C'est là un domaine important, car la concurrence entre l'Occident et la Chine se jouera aussi autour de la capacité de chaque civilisation à dégager une harmonie sociétale, socle de l'efficacité.

En traitant le caractère *yi,* nous avons longuement développé la notion de mutations et de transformations, et la « logique de l'eau » qui consiste en souplesse et capacité d'adaptabilité.

Quand la vache est grasse, on mange plus et quand la vache est maigre, on mange moins. Face à l'inévitable, autant faire contre mauvaise fortune bon cœur.

Daoli est limpide. Quand la crise arrive, il est naturel qu'on accepte de reculer, de réduire son salaire par exemple. Cependant, dans certains pays occidentaux, on voit souvent des situations où la politique du pire l'emporte, les « droits » conduisant à une politique de « terre brûlée », catastrophique pour tous. En Asie, on a du mal à comprendre qu'en cas de grève, une grande majorité de citoyens acceptent les blocages imposés par une minorité qui pratique ce qui est perçu comme une prise d'otages.

Xin – le cœur, c'est-à-dire les sentiments, est l'élément principal que l'on doit renforcer en Occident où domine le rationnel. Contrairement à ce que l'on croit, il y a beaucoup d'humanisme dans la société chinoise. Cet aspect peut s'appliquer à tous les domaines de la vie, privée comme professionnelle. Dans le monde des entreprises, les Chinois parlent de « l'investissement sentimental » et du « management humanisé ». L'élément émotionnel qui lie le patron à ses employés, ou les employés entre eux, devrait faire partie intégrante du management moderne. D'ailleurs, à partir des années 70, certains professeurs en management, notamment américains, ont promu l'idée d'un « côté humain de l'entreprise », comme un contrepoids au management rationnel.

Dans le domaine de la production, le toyotisme s'est imposé en Occident comme ailleurs. Ce concept japonais, assis sur des principes confucéens, a pour fondement la nécessaire confiance et le respect que l'on doit avoir envers l'employé, quel que soit son grade. C'est au niveau le plus bas, celui de l'ouvrier, que le toyotisme s'est exercé avec le plus de succès. Devenu *opérateur,* l'ouvrier a vu ses tâches enrichies, ses fonctions se diversifier (il produit mais il contrôle aussi) et, surtout, il a enfin été écouté. C'est tout le secret de la réussite des « cercles de qualité » qui sont, en fait, des « cercles de suggestion », des lieux où l'opérateur interpelle l'ingénieur, fort de sa compétence inégalée car c'est lui qui gère les machines au quotidien et en connaît, mieux que quiconque, les inconvénients et les potentiels. Le toyotisme s'est imposé partout dans le monde et s'exerce sur l'ensemble des processus industriels, renforçant le *teambuilding*, l'esprit d'équipe, mais aussi le *teamworking*, la capacité à travailler ensemble qui est la marque de la modernité industrielle.

Autre élément : la face. Trop de « face » nuit, certes. Mais, à l'intérieur de ce souci de la face, il faut voir la nécessité du regard de l'autre. Dans la société occidentale basée sur l'individu, il importe de développer une plus grande empathie, une capacité à se mettre davantage dans la peau de l'autre, ce qui permet de s'épanouir dans le partage et l'interaction.

Comment interpréter « l'Humain » ? C'est là que divergent les deux systèmes de valeurs. L'Occident est un univers du « Moi » qui jouit de droits inaliénables, tandis que la Chine, comme les autres pays asiatiques, est celui du « Nous », cimenté par les devoirs réciproques. « Le *daoli* majeur doit passer avant le *daoli* mineur ». On peut se demander si, au cours du XXIe siècle, la concurrence entre l'Occident et l'Asie, représentée par la Chine qui en est la matrice culturelle, ne se jouera pas, précisément, sur la capacité à trouver le meilleur équilibre entre « individu » et « société ». En effet, dans le domaine de la créativité scientifique et technologique, enjeu majeur de notre siècle, l'on a besoin, à la fois de talents individuels, d'esprit critique voire révolutionnaire, et d'esprit d'équipe car la création sera de plus en plus coûteuse et complexe, et le talent des individus devra nécessairement se transformer en aptitude à travailler ensemble.

Dans *l'Art de la Guerre*, Sun Zi a écrit : « *Se connaître soi-même et connaître l'adversaire. Eussiez-vous cent guerres à soutenir, vous en sortirez toujours victorieux* ». Dans la concurrence qui va s'amplifier entre l'Occident et la Chine, le rapport de forces est déjà défavorable à l'Occident dans le domaine de la connaissance mutuelle.

Il est urgent que les Occidentaux, dans leur ensemble et non pas seulement une élite, prennent conscience de leur retard et prennent des mesures efficaces pour y remédier, en commençant par les média, une réforme de l'éducation scolaire, et la formation continue.

Chapitre II
Les incertitudes nées de la crise mondiale de 2008

1. La Chine touchée mais confiante

La crise financière et économique de 2008, partie des Etats-Unis, a touché le monde entier, et, globalisation oblige, n'a naturellement pas épargné la Chine, de plus en plus intégrée à l'économie mondiale. Elle a concerné, en premier lieu, les exportations. Ceux qui ont visité la Chine en 2008 et 2009 ont pu mesurer la gravité de la situation.

Bon nombre d'entreprises, prospères grâce aux exportations vers l'Amérique et l'Europe, se sont tout à coup retrouvées dans le rouge, prises dans un étau dû à plusieurs facteurs : l'effondrement du marché étranger, la hausse des matières premières et les contraintes imposées par le nouveau Droit chinois du Travail et du Contrat. Cette loi, mise en application le 1er janvier 2008, qui exclut pratiquement la possibilité de licencier, a été la goutte qui a fait déborder le vase. La situation avait déjà été aggravée par une décision du gouvernement chinois qui, avant les J.O., craignant une éventuelle « surchauffe », avait imposé une politique de restriction du crédit. Les banques ont fermé le robinet et, au cours du seul premier trimestre 2008, 67 000 petites et moyennes entreprises chinoises et joint-ventures, la plupart du secteur manufacturier, déjà à court de liquidité, ont fini par mettre la clé sous la porte. Cela signifie que des millions de *mingong* (ouvriers migrants) se sont retrouvés sans emploi, mettant ainsi en péril la survie de leurs familles qui dépendent de leurs salaires.

Cette crise s'est notamment ressentie dans le Delta de la Rivière des Perles du Guangdong[1], une des provinces du Sud-est de la Chine pour lesquelles l'exportation est le moteur principal du développement. Dans la Préfecture de Dongguan, en deux mois (septembre et octobre 2008), 117 usines ont fermé et leurs patrons hongkongais ou taïwanais, ont disparu. Environ 20 000 ouvriers n'ont reçu leurs arriérés de salaire que grâce à l'intervention du gouvernement local. Le 15 octobre 2008, une terrible nouvelle s'est répandue en Chine : les patrons et les managers de deux fabriques de jouets de Smart Union Group, aux capitaux hongkongais, se sont « évaporés » (terme humoristique chinois, synonyme de « disparaître volontairement »), laissant quelque 7 000 ouvriers au chômage et des dizaines de fournisseurs impayés. Les autorités locales ont dû avancer 24 millions de yuans (environ 2,5 millions d'euros) pour éviter *in extremis* un conflit explosif. « La fuite des patrons » a été perçue comme un mode de gestion de la crise propre aux entreprises à capitaux mixtes de la région.

Face au *tsunami* de la crise financière et économique qui a balayé tous les pays du monde, le gouvernement chinois a réagi rapidement avec un plan de relance impressionnant de 4 000 milliards de yuans (environ 416 milliards d'euros), à investir entre 2008 et 2010. Etant donné que, dans le passé, chaque plan de relance s'est accompagné de gaspillages (la construction d'infrastructures redondantes par exemple), de corruption ou de malfaçons, beaucoup en Chine se sont demandé comment seraient utilisés ces fonds colossaux et s'ils profiteraient aux plus démunis, puisque le budget concerne surtout les grands projets d'infrastructures. D'ailleurs, la promulgation du décret sur la publication des informations gouvernementales (appliqué depuis le 1er mai 2008), a remis en cause la tradition du « secret » pratiquée par le Parti depuis 1949 (pendant longtemps, tout était « secret d'Etat »). De nombreuses personnalités ont réclamé la transparence sur la destination de ces fonds de relance. Comme

---

1 Guangdong est une grande province chinoise (la Province de Canton), au sud du pays, dont la capitale est Guangzhou (en français : Canton).

dans toutes les crises économiques, les effets sont également, et largement, politiques.

Pour réduire les dégâts causés par la crise, la Chine doit miser surtout sur le marché intérieur. Dans cette « grande bataille pour la demande intérieure », que deviendra la pression fiscale alors que les investissements dans les infrastructures constituent l'essentiel du plan de relance ? Selon les statistiques publiées entre 1995 et 2007, les recettes fiscales perçues par l'Etat chinois ont été multipliées par 5.7, tandis que les revenus disponibles des citadins ne l'ont été que par 1.6, et ceux des ruraux par 1.2 seulement. Dans ces circonstances, il apparaît que la consommation des ménages est loin de pouvoir mener la croissance. Elle ne représente encore que 37,5% du PIB, alors que ce taux est supérieur à 70% dans les pays développés.

En fait, la Chine présente deux paradoxes frappants. Le premier s'appelle « Etat riche et peuple pauvre » ; le deuxième est un legs du régime communiste : tous les biens publics sont déclarés *propriété du peuple tout entier*, appartenant à tout le monde... donc à personne. Qui, au sein du peuple, profite des bénéfices des entreprises publiques ou de la valorisation de l'argent public ?

D'après la Banque Centrale chinoise (la Banque Populaire de Chine) l'épargne des ménages en septembre 2008 s'élevait à 46 000 milliards de yuans (4800 milliards d'euros), soit 35 000 yuans (3640 euros) par personne. Ce serait la source d'un pouvoir d'achat énorme si le gouvernement arrivait à la mobiliser. En Chine, on parle de « libérer le tigre de la cage ».
La presse officielle va jusqu'à remettre en cause la tradition chinoise de « se contenter d'une vie frugale », en encourageant la population à dépenser. Mais ce *tigre* hésite toujours à sortir car l'épargne chinoise est, avant tout, une épargne de précaution et l'écrasante majorité de la population vit toujours dans un sentiment d'insécurité. Elle met de l'argent de côté en prévision des maladies, de la vieillesse et pour aider ses enfants à étudier et à acheter un appartement. Le système de protection sociale en place aujourd'hui ne permet pas encore aux consommateurs

d'être libérés de leurs soucis de santé et de vieillesse pour « oser » consommer davantage. De plus, cette épargne est loin d'être répartie de façon égale : 1% de la population posséderait 42% des richesses ! C'est donc tout l'équilibre économique et social de la Chine qui est à revoir.

Autre paradoxe notable, les autorités chinoises continuent d'acheter des titres américains ou japonais (Bons du Trésor) alors même que l'intérêt servi est très faible et que ces économies sont en panne. Tout se passe comme si les dirigeants chinois avaient davantage confiance en l'économie américaine qu'en leur propre économie portée par une forte croissance. Pendant que les Américains perdent leurs emplois et perdent confiance en leurs élites, responsables de troubles et de scandales, le gouvernement chinois continue d'être leur banque de dernier ressort. En effet, soutenir l'économie américaine, c'est, indirectement, soutenir la demande américaine de produits chinois, plus que jamais nécessaire puisque que la demande intérieure chinoise n'est pas encore prête à prendre le relais.

Avant tout, il faut considérablement renforcer la compétitivité du pays par une restructuration industrielle qui assure le passage d'une industrie à forte intensité de main-d'œuvre à une industrie à forte intensité de technologie et de capital. Il s'agit donc d'investir dans la recherche et le développement de nouvelles technologies et dans les infrastructures écologiques, économes en énergie. Mais tout cela prend du temps et ce n'est pas une réponse à court terme. En tout cas, la crise doit être l'occasion d'accélérer cette évolution et d'aller vers une économie plus équilibrée et plus mature, comme l'ont réussi la Corée du Sud et Taiwan.

La Chine a vu se développer de grandes entreprises chinoises, ses Champions Nationaux, dans l'électronique, l'équipement de la maison, demain dans l'automobile et l'aviation. Ces entreprises ont vocation à être globalisées. La crise offre beaucoup d'opportunités d'acquisition d'entreprises occidentales dont la valeur boursière s'est effondrée. L'Etat chinois dispose de réserves abondantes (plus de 2 500 milliards de dollars américains, les premières du monde) dont une partie a été affectée à un Fonds Souverain. Mais on sent une grande timidité, chez les dirigeants chinois, à entrer dans cette voie d'acquisitions internationales, par peur d'apparaître comme un prédateur et de donner raison à ceux qui dénoncent le *péril jaune*. Pourtant, ces acquisitions pourraient être « amicales », négociées avec les entreprises et les gouvernements occidentaux. Elles le seront, sans doute, dans de nombreux cas. Après tout, si l'on équilibre les investissements directs étrangers en Chine par des investissements directs chinois en Occident, on rendra les deux parties davantage interdépendantes. L'hypothèse d'un choc des civilisations s'éloignerait. On réaliserait ainsi entre les deux civilisations qui dominent le monde, l'Occident et la Chine, cette mutuelle dépendance qui a permis à l'Europe, notamment à la France et à l'Allemagne, de construire une zone de paix et de prospérité. Si les autorités chinoises prennent toute la mesure de la nouvelle situation créée par la grande crise, la Chine en sortira renforcée.

2. Le modèle du capitalisme est-il à revoir ?

Une crise d'une telle ampleur nécessite de profondes remises en cause, notamment du fonctionnement de l'économie de marché, alors que la Chine en est devenue une fidèle adepte.

A partir de 1978, la Chine a initié la transition d'une économie planifiée vers une économie de marché. Les théories occidentales du libre échange sont devenues un dogme, observé à la lettre. Le Prix Nobel Milton Friedman est vénéré comme un saint dans le milieu des économistes chinois.

Ce virage a été plus que fructueux et l'émergence de la Chine a été explosive : trente ans de croissance à près de 10%/an en moyenne, c'est un « miracle économique » comme le disent les économistes qui avaient déjà utilisé ce terme pour le Japon et l'Allemagne d'après-guerre.

La différence est que ces deux pays avaient déjà atteint une grande maturité économique avant la guerre alors que la Chine vit sa première émergence moderne, plus d'un siècle après les autres grandes puissances. Pendant trente ans, la Chine a procédé à des réformes et ouvert ses marchés, dans l'intime conviction du bien-fondé et de l'efficacité de l'économie de marché. Elle a appris à bien la faire fonctionner, comme le prouve la maîtrise avec laquelle l'ancien Premier Ministre, ZHU Rong-ji, a fait « atterrir en douceur », à partir de 1993, une économie chinoise en surchauffe et génératrice d'hyperinflation.

Et pourtant, voilà que cet outil de développement subit un échec retentissant : les autorégulations que la théorie lui prête n'ont pas fonctionné. Quand on a interrogé l'ancien Président américain de la Banque Fédérale de Réserve, Alan Greenspan, au sujet de la crise financière, il a déclaré qu'il ne comprenait pas, qu'il avait été « surpris », qu'il n'aurait jamais pu prévoir tout cela. L'homme qui fut le plus puissant ordonnateur de l'économie de marché dans le monde nous a offert l'image d'un enfant qui a cassé, par inadvertance, son plus beau jouet et qui regarde, sans comprendre, le désastre qu'il a produit.

Les Chinois ont donc été, à juste titre, étonnés et déçus. Comment imaginer que les créateurs du système, ses utilisateurs les plus expérimentés, n'aient rien compris à ce que les banquiers manigançaient ?

Or ce sont les pays en voie de développement qui subissent de plein fouet l'effet des turpitudes des dirigeants, des soi-disant experts, des apprentis sorciers des pays développés.

Les gérants principaux du système, les pays occidentaux, les Etats-Unis en premier lieu, avaient le devoir de le préserver, de le protéger du cynisme et de la manipulation des banquiers arrogants, « maîtres du monde » et donneurs de leçons.

L'avenir de l'économie de marché ouvre un nouveau champ de débat entre l'Occident et la Chine. Ce débat peut être la source d'un nouveau « grand malentendu ». Pourtant, la solution à la crise mondiale ne peut provenir que d'une coopération étroite entre tous les pays importants du monde (ceux du G20). L'intérêt de ce débat est élevé. C'est la raison pour laquelle nous le présentons sous forme d'un dialogue sans concession entre l'Occident (dont Daniel Haber soutient les thèses) et la Chine (dont Zheng Lu-nian, pourtant un esprit libre, défend les positions).

Zheng Lu-nian : En fait, nous, Chinois, pensons que cette crise profonde remet en cause le modèle occidental du capitalisme lui-même. Autrement dit, l'économie de marché, telle qu'elle est utilisée par vos capitalistes, est une suite de crises où les plus faibles sont les plus touchés. Votre capitalisme, où les actionnaires privés sont rois et exigent un rendement déraisonnable de leur argent, n'est pas sain. La pression mise sur les cadres dirigeants de vos entreprises, qui sont pourtant compétents, les oblige à se comporter d'une façon que nous jugeons irrationnelle et inhumaine. Ainsi, en cas de problème, vous commencez toujours par licencier. Et quand vos entreprises licencient, leur cours à la bourse augmente. Surtout, vos dirigeants délocalisent et sous-traitent massivement. Le rêve de certaines de vos élites c'est l'entreprise virtuelle : plus d'usines, plus de stocks. Il suffit de gérer la création, l'innovation, de protéger la marque et de contrôler la distribution pour gagner beaucoup d'argent. Dans ce partage du travail, c'est nous, Chinois, qui faisons la « sale besogne » et en retirons la portion congrue. Quand les consommateurs américains et européens sont heureux d'acheter des produits *Made in China* à des prix plus qu'attractifs, notre environnement naturel se dégrade et nos ouvriers touchent un salaire de misère. Les revenus de nos usines ne représentent que 2% à 5% des prix de détail des produits sur le marché américain. L'essentiel de la plus-value va dans la poche des actionnaires de Nike, Adidas ou Nokia ainsi que de Wallmart et des multinationales de la distribution.

Daniel Haber : Mais vous oubliez de dire que vos trente ans de croissance fulgurante ont été le résultat direct de cette délocalisation massive et générale des entreprises occidentales et de l'ouverture des marchés américain et européen aux produits *made in China*. Il est vrai que les multinationales qui contrôlent les marques et leur distribution engrangent de gros bénéfices. Mais il n'en est pas moins vrai que cela a créé beaucoup d'emplois en Chine et que vos excédents d'exportation sont à l'origine de vos fabuleuses réserves de change.

ZLN : Depuis plusieurs années, l'Occident a été unanime pour désigner le yuan chinois comme bouc émissaire et a mis une pression très forte pour son appréciation. Mais cette crise nous révèle une autre vérité : le mal vient d'un système défaillant, du non-respect ou de l'absence de garde-fous dans le domaine financier, de la cupidité sans limite de vos financiers et de vos « patrons-voyous ». C'est le comportement de l'Occident qui décrédibilise votre modèle du capitalisme et détruit les fondements de l'économie de marché.

DH : Je comprends bien ce que vous dites et, par bien des côtés, je suis d'accord. Mais, de mon point de vue, ce n'est pas le capitalisme qui est en cause mais la façon dont il est utilisé par certains. Quand Alan Greenspan a dit qu'il avait été totalement surpris, il était sincère. Le capitalisme a des règles et l'économie de marché, si elle fonctionne bien, c'est-à-dire avec une concurrence « pure et parfaite », suscite ses propres autorégulations. Les erreurs sont sanctionnées par le système lui-même sous forme de « crises » dont la répétition périodique indique que le système fonctionne par à-coups.

C'est cela que les responsables occidentaux, quel que soit leur parti politique, regardent de près aujourd'hui. Où est l'erreur ? Erreur du système ou erreur dans le système ? Dans le passé, Franklin D. Roosevelt et John Maynard Keynes ont eu à traiter la grande crise de 1929. Pour sauver le capitalisme qui reste le seul système compatible avec la démocratie politique, il a fallu que l'Etat intervienne et massivement : les investissements publics remplacent les investissements privés défaillants pour, précisément, sauver les emplois.

ZLN : Ceci me rappelle les méthodes draconiennes que le FMI a imposées en 1997 aux pays asiatiques en proie à la crise financière dite d'Asie du Sud-est. Les gouvernements d'Asie ont dû accepter de nombreuses faillites d'entreprises, rachetées ensuite par vos banques d'investissement. Maintenant que votre propre maison est en feu, vous ne reculez devant rien pour éviter d'appliquer les principes mêmes que vous avez érigés en lois sacrées... et laisser les financiers non-occidentaux racheter, à leur tour, vos entreprises.

DH : En fait, la crise que nous connaissons aujourd'hui est si grave, si profonde, si générale qu'elle risque d'entraîner l'économie mondiale dans l'abîme. Les leçons de la crise de 1929, qui a été à l'origine de la Deuxième Guerre mondiale, ont été retenues. Ne soyons pas aveugles : les économies dites de marché ont toujours été régulées et soutenues par les Etats.

ZLN : C'est bien pourquoi nous croyons que c'est le modèle occidental du capitalisme lui-même qui est vicié à la base. Vos grandes entreprises, en connivence soit entre elles soit avec leurs Etats respectifs, font tout pour échapper aux règles du jeu et notamment pour éviter la concurrence. Cette concurrence n'a jamais été, comme il est écrit dans les livres fondateurs de l'économie de marché, pure et parfaite. Elle est contournée, écrasée par les plus forts et les autorégulations disparaissent. Nous, Chinois, avons montré que nous savions mieux que vous réguler l'économie de marché grâce à l'Etat socialiste qui veille davantage à l'intérêt général.

Le capitalisme est fondé sur la poursuite, par ceux que vous appelez les « agents économiques », de leurs égoïsmes particuliers. Une « main invisible » est supposée faire en sorte que tous ces intérêts égoïstes, au bout du compte, se contrôlent mutuellement et créent la plus grande richesse possible.

C'est cela qui nous choque le plus. L'égoïsme, chez vous, est perçu comme un bien alors que, pour nous, c'est une attitude négative, à l'opposé de notre tradition culturelle.

Ce que nous avons réalisé, depuis trente ans, c'est une synthèse entre l'économie de marché et notre tradition chinoise. Et cela fonctionne puisque notre croissance est la plus forte du monde. La Chine est désormais la locomotive de la croissance mondiale. Pour cette raison, nous réfutons le terme de *capitalisme à la chinoise* pour lui préférer celui de *socialisme aux caractéristiques chinoises* ou d'*économie socialiste de marché*.

DH : Permettez-moi de vous décevoir. Ce que vous avez réalisé et que nous admirons, c'est un décollage économique. Pour arracher du sol l'énorme avion chinois, il faut des réacteurs puissants. Les deux réacteurs, ce sont bien l'Etat (ou plutôt le Parti) et le peuple, remis au travail avec ardeur justement parce qu'il trouve un intérêt (intérêt personnel et égoïste) à travailler plus.

Voyez vos paysans. Dès que Deng Xiaoping leur a donné la liberté de cultiver pour eux-mêmes, la production a bondi. De même pour vos ouvriers des entreprises d'Etat. A l'époque du communisme, c'était la tactique des « bras ballants », en faire le moins possible dès que le chef avait le dos tourné. Aujourd'hui, les ouvriers, payés à la pièce, recherchent les entreprises où on travaille le plus car on y gagne le plus.

Au cours d'un tel décollage économique, c'est la libération des énergies qui pèse le plus lourd. Par ailleurs, l'intervention de l'Etat est une bonne chose pour concentrer les efforts et les investissements publics dans les bonnes directions : infrastructures industrielles de base, éducation, santé. Les pays capitalistes (France, Japon, Italie, Allemagne), ruinés après la guerre, se sont reconstruits, en fort peu de temps, avec les mêmes recettes, notamment l'intervention forte de l'Etat pour diriger les orientations principales.

Mais c'est ensuite, quand l'économie arrive à un niveau suffisant de maturité que l'Etat doit s'effacer car il devient une gêne plus qu'un moteur. Quand les choix deviennent plus nombreux, plus fins, l'Etat se trompe souvent, en tout cas, plus que le libre jeu du marché. A mon avis, très bientôt, il faudra que le Parti Communiste accepte que l'Etat se retire du quotidien et se contente de fixer les règles du jeu et d'indiquer quelque grandes orientations stratégiques.

ZLN : Mais vous oubliez les crises, les crises lourdes et leur cortège de victimes. Les Chinois pensent qu'il faut inventer un nouveau système, sans lui coller d'étiquette, socialiste ou capitaliste. Fondé sur un outil, l'économie de marché, ce système requiert un Etat présent non seulement pour fixer les règles mais pour être au cœur du fonctionnement des entreprises stratégiques (banques, assurances, industries lourdes et d'armement) et de la recherche scientifique.

D'ailleurs, c'est déjà le cas en Occident, notamment en Europe où l'Etat n'est pas uniquement orienteur, incitateur, régulateur mais est dans l'action, notamment via la recherche scientifique. Et surtout, il est redistributeur de richesses, parfois à grande échelle, comme en Scandinavie ou en France. Et n'oubliez pas les nationalisations, pratiquées dans la plupart des pays d'Europe, après la guerre mais également, par exemple, en 1981, en France. Il y a de nombreuses entreprises dont le caractère stratégique ou d'utilité générale justifie la mainmise de l'Etat, quitte à les privatiser pour d'autres bonnes raisons. Au sein même de l'Occident, il y a ainsi une hésitation qui me fait penser que le sujet est complexe et reçoit des solutions très diverses.

Les Chinois connaissent l'histoire et se souviennent de Franklin Roosevelt et son "New Deal". En ce moment de crise majeure, ils observent attentivement les interventions des Etats occidentaux qui n'ont pas hésité à sauver les banques privées en prenant, parfois, des participations qui équivalaient à des nationalisations.

DH : Permettez-moi de conclure ce chapitre en remarquant que l'économie de marché ne peut être remise en cause, tout simplement parce qu'on n'a pas trouvé d'alternative crédible. Celles que l'Humanité a tentées au cours du XXe siècle se sont révélées porteuses de plus de mal que de bien. En revanche, cette économie de marché se prête à de multiples formes de gestion, d'où l'abondance de formes diverses de capitalismes : anglo-saxon, rhénan, français, scandinave, japonais, singapourien et j'en passe.

Que la Chine veuille inventer « son » capitalisme, libre à elle. Qu'elle l'appelle « socialisme aux couleurs chinoises » nous fait sourire par son apparente naïveté.

Pour nous, l'essentiel, au fond, est que la planète ait adopté le même système de base, l'économie de marché, et que l'on se dirige vers une gestion plus commune, plus internationale, de cette économie de marché désormais fortement globalisée.

Ce qui nous importe, c'est le développement d'une forme sophistiquée d'interdépendance économique du monde : les délocalisations, les partenariats mondiaux et les alliances internationales portent sur tous les aspects de l'économie et de la recherche. Cette interdépendance va créer, c'est notre espoir, une dynamique de paix car, sans la paix, cette globalisation économique serait bloquée et nous irions tous vers le désastre.

3. La nouvelle donne géopolitique du monde

DH : La Chine est partie prenante de ce processus. Elle a le droit de critiquer le système ou de vouloir l'améliorer. L'important est qu'elle soit dans le système globalisé. Et elle l'est. Je suis content de voir que la Chine a fait preuve de réalisme et de responsabilité en acceptant de nous rejoindre pour gérer une crise qui se généralisait.

ZLN : Les dirigeants chinois ont compris que, dans un monde globalisé, une attitude égoïste pouvait être suicidaire. La Chine veut devenir désormais une puissance responsable sur le plan international. Elle a subi et subira des dégâts importants, conséquences d'une crise dont elle n'est pas responsable. Or, je suis persuadé qu'elle s'en sortira, grâce à une grande capacité de macro-régulation dont les dirigeants chinois ont fait preuve dans le passé, à une capacité d'exécution extrêmement efficace à divers échelons administratifs (c'est le bon côté d'un régime non-démocratique), et au potentiel incommensurable du marché intérieur.

Observez le terme « crise » en chinois : 危机 (*weiji*). Il comporte deux idéogrammes, le premier signifie « danger » ou « risque », et le second, « opportunité » ou « chance ». Une bonne gouvernance de cette crise pourrait permettre, à l'Occident comme à la Chine, de repartir sur une nouvelle base, plus saine, plus solide et donc plus durable.

DH : Vos propos me font penser aux idéogrammes que vous avez analysés pour illustrer la boîte noire chinoise. Quelle vérité révèle le caractère *yi,* mutations et transformations ! Dans la première moitié du siècle dernier, on a assisté au triomphe du communisme-socialisme à l'Est du monde. En 1989, avec la chute du Mur de Berlin, le camp soviétique s'est effondré et l'Occident a crié à la victoire, celle du capitalisme sur le communisme, que beaucoup croyaient totale et définitive. Or, on n'a pas eu le temps de célébrer le vingtième anniversaire de cette victoire que le capitalisme est battu par lui-même. Je serais presque tenté de devenir taoïste !

ZLN : La leçon est que rien n'est stable, ni absolu, ni définitivement acquis. C'est l'impermanence des choses décrite par le bouddhisme. Effectivement, en un siècle, on a connu le pire du communisme et puis le pire du capitalisme. Voilà le vrai *big bang* ! L'issue, selon moi, est au Milieu–*zhong*, cet endroit fécond d'où naît l'énergie et où se produisent les transformations.

Les nouveaux systèmes qui vont naître seront, je l'espère, plus raisonnables, plus humains car il y aura davantage de place pour le *xin* – le cœur - que pour les calculs d'intérêts égoïstes.

La crise est aussi un vrai défi pour la Chine et ses dirigeants car elle peut induire une restructuration politique et géopolitique profonde. Il s'agit donc d'une opportunité sans précédent à ne pas manquer.

DH : Permettez-moi de vous recommander un article extrêmement intéressant : *Waving Goodbye to Hegemony* (Adieu à l'hégémonie) écrit par Parag Khanna, politologue et chercheur émérite à la New America Foundation, paru le 27 janvier 2008 dans le *New York Times Magazine*. Selon l'auteur, la superpuissance américaine a vécu, et désormais « *nous avons trois zones, découpées suivant les longitudes, et dominées respectivement par l'Amérique, l'Europe et la Chine* ». « *Tels seront les trois Grands de la géopolitique du XXIe siècle* ». Suite à cet article, ce même auteur a publié un livre intitulé « *The Second World – Empires & Influence In the New Global Order* » (Le Deuxième monde – les empires et leur influence dans le nouvel ordre du monde), aux éditions Random House. A l'instar de Mao Ze-dong, il y propose la division en trois « mondes » : le Premier Monde est constitué, selon lui, des trois Grands : l'Amérique, l'Europe et la Chine. Le Tiers Monde, c'est essentiellement l'Afrique. Il met surtout l'accent sur « le Deuxième Monde ». Il s'agit d'une quarantaine de pays répartis aux quatre coins de la planète : la Russie, le Brésil, le Vietnam, le Venezuela, le Maroc, la Turquie, etc. D'après Khanna, ces pays, que nous réunissons sous le vocable de « pays émergents », seraient « sans allégeance » : ils constituent « le terrain de bataille des trois Grands ». « *Ce sont eux qui détermineront celle des superpuissances qui aura la haute main sur la géopolitique de demain* ».

ZLN : Les Chinois ne se perçoivent pas comme un peuple expansionniste. L'harmonie qui est l'objectif de la Chine, est en contradiction avec une quelconque hégémonie et même avec un duopole USA-Chine, la "*Chinamerica*", comme le nomment certains, à l'instar d'une *Nippamérique* censée illustrer l'étroitesse des relations économiques et scientifiques entre les USA et le Japon. La Chine est plutôt attachée à un monde multipolaire. Elle est consciente du long chemin qui lui reste à parcourir pour être une véritable grande puissance et au travers des analyses qui la portent à la codirection du monde, elle perçoit un piège (voire un complot, encore un) de l'Occident.

4. A propos du « modèle chinois »

DH : Dans le livre de Khanna, j'ai particulièrement noté ses remarques sur le fait qu'« *il existe un marché des modèles de réussite, dans lequel peut puiser le Deuxième Monde* ». Le miracle économique chinois émerveille le monde entier. Grâce à une croissance longtemps oubliée en Occident, la Chine a rattrapé, l'un après l'autre, la plupart des pays de l'OCDE en terme de PIB global. Elle a, de surcroît, distancé les pays de l'Europe de l'Est qui, engagés sur les rails de la démocratie, ont subi une « thérapie de choc ». En tant que pays, jadis pauvre, s'étant enrichi « comme par enchantement », la Chine fait plus d'un envieux dans le tiers monde en proie à la pauvreté. On parle ainsi du *modèle chinois* par opposition au *modèle occidental* vanté, depuis des décennies, comme la seule voie susceptible de conduire à la prospérité.

Le modèle chinois a beaucoup d'attrait pour bon nombre de pays qui ne partagent pas les valeurs défendues par l'Occident. Cette idée, je crois, doit vous plaire, vous qui, au-delà de vos jugements critiques du régime, aimez tant votre pays. Mais, en quoi consiste *le modèle chinois* ? S'il se résume, comme beaucoup le disent, à « capitalisme sauvage plus dictature », alors est-il reproductible dans les autres pays, dont certains sont déjà en voie de démocratisation ?

ZLN : J'aime mon pays et j'aspire ardemment à son épanouissement. Je suis content de voir que la position de la Chine se renforce de plus en plus dans le paysage géopolitique de la planète et que nous nous dirigeons, je l'espère, vers un monde rééquilibré, multipolaire. La Chine se prépare à assumer les responsabilités qui en découlent.

Pourtant, je suis réaliste et n'adhère pas à ce triomphalisme gratuit, répandu chez certains de mes compatriotes, persuadés qu'avec la crise actuelle, le vaisseau américain va couler et que l'heure chinoise arrive. D'ailleurs, la presse officielle chinoise invite aussi à la prudence et au réalisme.

La Chine est en train de chercher sa propre voie et elle la trouvera, j'en suis certain. Quant au soi-disant modèle chinois, j'ai des réserves sérieuses.

Nous avons expliqué qu'en lançant la réforme et l'ouverture, Deng Xiao-ping n'avait pas une stratégie bien définie, encore moins de « modèle » préconçu. Trente ans de tâtonnements, couronnés de succès ou pas, se sont écoulés, et la Chine a émerveillé le monde par ses réalisations spectaculaires sur le plan économique. Or ce sont les circonstances et la grande souplesse politique qui ont été à l'origine des progrès et non la mise en œuvre d'un modèle quelconque. Du reste, je ne suis pas d'accord avec la description du modèle chinois, s'il y en a un, comme « capitalisme sauvage plus dictature ». La Chine a déjà dépassé la phase de « l'accumulation primitive des capitaux » réalisée en un temps record au prix des faibles coûts sociaux. Dans la deuxième phase, grâce à un gouvernement « neutre », c'est-à-dire libéré des contraintes électorales, les pouvoirs publics, à tous les échelons, ont joué activement le rôle d'acteur dans l'économie de marché comme des banques d'investissements, créant une force motrice extrêmement puissante pour propulser l'économie chinoise vers une hauteur jamais atteinte. Tout cela résulte d'une poigne à la chinoise que l'on ne peut pas résumer, de façon simpliste, en « dictature ». En fait, cette gouvernance, hautement hiérarchisée et très efficace, est issue des longues expériences administratives chinoises accumulées depuis des siècles. Elle est basée sur une population façonnée par les préceptes confucéens sur le respect de la hiérarchie et la priorité du *daoli* majeur (intérêts généraux) par rapport au *daoli* mineur (intérêts individuels). Si cela représente « le modèle chinois », je doute fort qu'il soit reproductible dans des pays aux traditions différentes.

En Chine même, si le schéma (je préfère ce terme à « modèle ») de l'ouverture économique avec un régime totalitaire, a bien fonctionné au stade du décollage, il s'avère déjà inadapté au fur et à mesure que la société civile gagne en maturité, et des voix s'élèvent pour une réforme profonde du système politique.

DH : Le modèle chinois entre inévitablement en conflit avec le modèle occidental, incarné par les entreprises américaines et européennes qui sont implantées dans le monde entier.

A ma connaissance, les entreprises occidentales, qui sont attirées par le faible coût salarial et social en Chine, veillent tout de même aux droits fondamentaux des travailleurs. Elles sont parfois en désaccord avec les officiels locaux qui voient d'un mauvais œil les accords sociaux qu'elles ont conclus. Certaines entreprises finissent néanmoins par se plier aux coutumes chinoises et commencent à maltraiter les travailleurs, comme dans les entreprises hongkongaises, taïwanaises voire chinoises.

A l'étranger, ce modèle se heurte aussi à un environnement social fort différent.

Au début des années 90, l'usine sidérurgique *Capital Shougang* en a fait les frais. Ayant acquis le premier producteur de fer du Pérou, elle a créé la plus grosse société chinoise implantée en Amérique du Sud, *Shougang Hierro Peru*.

Cependant, malgré le coût relativement faible de la main d'œuvre locale, cette entreprise a subi de graves pertes financières car, « importunée » par des mouvements ouvriers, elle avait licencié des syndicalistes en grève, violant ainsi le Code du travail local.

Depuis un certain nombre d'années, les entreprises chinoises se sont implantées en Afrique, où elles ont cru pouvoir jouir de conditions parfaites : main d'œuvre abondante et bon marché, pas de démocratie, pas de syndicalisme. Cependant, elles n'ont pas tardé à découvrir que ces anciennes colonies de pays européens avaient également pris les mauvaises habitudes de l'Occident et que les ouvriers africains, moins compétents et pourtant plus exigeants que les chinois, n'étaient pas une main d'œuvre idéale. Finalement, nombre d'entreprises chinoises implantées en Afrique ont préféré faire venir en masse des travailleurs chinois, plus dociles et moins sensibles à leurs droits sociaux.

Ainsi, on peut conclure que le modèle chinois est difficilement applicable, en Amérique du Sud comme en Afrique, plus difficilement encore en Europe ou en Amérique, où les implantations chinoises se multiplient, notamment depuis la crise économique de 2008.

ZLN : En tout cas, nous ne pouvons pas nous enorgueillir seulement de notre richesse matérielle. Une grande nation responsable a besoin de construire un *soft power*, c'est-à-dire l'influence de sa culture et de ses valeurs. Comment intégrer nos propres traditions dans la société moderne ? Dans ce sens, le modèle chinois est encore à créer. Il y a un débat au sujet du symbole de la Chine : est-ce le dragon ou le panda qui représente le mieux l'image de la Chine ? Certains trouvent le dragon trop agressif…

DH : Le panda est bien gentil et sympathique. Mais peut-il représenter votre pays plein de vitalité ?

A propos de la culture, j'ai une autre remarque qui risque de vous déplaire : la Chine manque d'attrait culturel. C'est pourtant une condition indispensable pour être une grande puissance. La culture chinoise, telle qu'elle fut représentée lors de la cérémonie d'ouverture des J.O., haute en couleur, mystérieuse, nous a attirés, mais elle ne fait que nous distraire, nous amuser, c'est tout. Je sais que votre gouvernement est très soucieux de propager la culture chinoise et, à cet effet, a créé dans le monde entier un nombre important d'« Instituts Confucius ». Cette démarche est louable, mais atteindra-t-elle son objectif ? A la différence de la culture occidentale, votre culture est trop profondément enracinée dans « le terroir chinois » et manque d'universalité. Prenez l'exemple de l'art. Pourquoi la peinture classique chinoise ou la musique chinoise n'ont-t-elles pas gagné le grand public à travers le monde comme l'ont fait l'art et la musique de l'Occident ? Qui peut vraiment admirer l'Opéra de Pékin ou jouer du violon chinois, sinon une infime minorité ?

ZLN : C'est un point de vue qui relève de l'arrogance occidentale. Depuis ces dernières décennies, le nombre d'étudiants étrangers que la Chine accueille n'a cessé de croître. Je suis toujours très ému en voyant ces gens de toutes nationalités, de toutes couleurs, parlant admirablement bien notre langue et connaissant parfaitement notre culture. L'histoire a prouvé que la propagation d'une culture dans le monde allait toujours de pair avec la puissance de ce pays. Tel a été le cas du Japon après la Seconde Guerre Mondiale. Maintenant que la Chine occupe une position de premier ordre, notre culture se répandra également dans le monde entier.

DH : Revenons à l'analyse de Khanna. Il n'a pas pris en compte la caractéristique propre à l'Amérique : sa capacité à se corriger. D'ici quelques années, une Amérique, sortie de la crise, toujours à la pointe de nouvelles technologies, toujours créatrice de nouvelles valeurs, peut émerger, portée par tous les talents du monde attirés comme un aimant par cette terre d'opportunités, le « Rêve américain ». L'Amérique est devenue un *melting pot* mondial et c'est là, sans doute, le ressort de sa vitalité..
L'Europe, de son côté, dispose d'atouts que ne possèdent ni l'Amérique ni la Chine, notamment la maturité et la stabilité de la société grâce à un système de protection sociale éprouvé et un attrait culturel irrésistible. Elle est aussi un mélange de cultures qu'elle peut valoriser si elle sait dépasser sa seule construction

économique. J'ajouterai que même le Japon n'a pas dit son dernier mot. Dans ses dizaines de Technopoles, dans ses Cités Scientifiques (TSUKUBA et KEIHANNA), se prépare un avenir technologique fondé sur la robotique, les nanotechnologies et les biotechnologies. Il a des entreprises brillantes, bien gérées, capables de mettre sur le marché, plus vite que leurs concurrentes, les résultats de ces recherches.

ZLN : Comme l'ont affirmé à maintes reprises les dirigeants chinois, la Chine ne visera jamais l'hégémonie et ne cherchera pas à imposer son schéma de développement. Je crois qu'ils sont sincères. Depuis que Hu Jin-tao a rectifié le tir en avançant le « concept scientifique du développement », la Chine s'oriente vers une économie combinant la croissance et le respect de l'environnement ainsi qu'une société plus juste et plus harmonieuse. Je suis heureux de constater que ce concept s'impose, de plus en plus, dans la conscience collective des cadres comme du peuple. Par exemple, la première cité écologique chinoise, à l'instar de Fribourg en Allemagne, verra le jour dans quelques années dans mon pays natal. Ce sera la Ville écologique de Dongtan, sur l'île de Chongming[1], utilisant les dernières techniques en matière d'énergies renouvelables. Les toits des immeubles seront coiffés de plantes vertes permettant l'isolation des bâtiments et le recyclage de l'eau. 80% des déchets seront recyclés dans des centrales thermiques qui fourniront une partie de l'électricité de la ville. Le reste de l'électricité sera apportée par d'immenses éoliennes *off-shore* ainsi que de petites éoliennes individuelles plantées sur chaque immeuble et des panneaux solaires photovoltaïques. La circulation en ville se fera principalement à pied et à vélo, ou sera assurée par des bus alimentés par des piles à combustibles. Aucun véhicule ne devra émettre la moindre particule de CO^2. Cette cité est prévue pour accueillir 80 000 habitants en 2040. Vous verrez que la Chine sera à la pointe de cette Révolution « verte », déterminante pour l'avenir de notre planète.

---

[1] L'île de Chongming fait partie de la municipalité de Shanghai, à l'embouchure du Yangtsé.

DH : La Chine doit partager cette nouvelle approche de la croissance avec les autres puissances, et se préparer à prendre sa part de sacrifices et d'efforts indispensables pour sauver la planète. Le « toi d'abord » est dépassé ainsi que l'idée que l'objectif mondial de réduire l'effet de serre n'est qu'un prétexte pour contenir la croissance chinoise. Il y a là une belle opportunité pour la Chine d'améliorer son image internationale et d'être perçue comme une vraie puissance responsable.

ZLN : Malgré les limites que présente le régime à parti unique, mon pays se trouve dans la meilleure période de son histoire. Même sur le plan politique, elle progressera, « à petits pas » certes, vers un système démocratique « aux caractéristiques chinoises », c'est-à-dire en intégrant les traditions et les conditions spécifiques à la Chine. Je suis très confiant dans son avenir.

Chapitre III Pour un vrai dialogue
entre civilisations

ZLN : Depuis vingt ans, le monde vit dans un mythe, celui d'un monde « unilatéral » où l'on croit en la toute-puissance du marché et en la supériorité de la démocratie. Or la réalité nous oblige à nous demander si la démocratie peut régler tous les problèmes de notre planète et si on peut l'imposer par la violence ou la pression extérieure.

DH : Je vois que vous êtes toujours *chinois* dans l'âme et que vous abordez cette grande négociation Chine-Occident en plaçant la barre très haut. En effet, en Occident, nous continuons de croire en notre modèle qui combine économie de marché et démocratie. Nous connaissons les imperfections et les crises qui en découlent. Mais nous pensons que les autres systèmes ont fait la preuve définitive de leur nocivité. Nous ne croyons pas en un avenir radieux ou aux « lendemains qui chantent » ni dans la bonté de l'homme. Nous croyons dans la nécessité de constamment réformer, réguler nos espaces de liberté afin que l'intérêt général soit sauvegardé et que l'homme s'améliore grâce à ses propres expériences et non à travers l'éducation dispensée par les gouvernants. Nos points de départ sont donc radicalement différents et la négociation s'annonce rude.

Jusqu'à présent, le dialogue entre l'Occident et la Chine s'est limité aux domaines économique, diplomatique et politique. Il doit s'élargir à d'autres plans : société, culture (et pas seulement l'échange de troupes d'acrobates ou de danse), philosophie… Cela implique que la connaissance de l'autre amène à réfléchir sur sa propre culture et à la relativiser, c'est-à-dire à accepter la culture de l'autre comme aussi pertinente et justifiée.

Cher Monsieur Zheng, je pense que nous avons fait le tour, même sommaire, du problème de la relation Occident-Chine. Il est clair que cette troisième rencontre est une occasion précieuse que l'Histoire nous accorde et que nous n'avons pas le droit de gâcher.

ZLN : Oui, cher Monsieur Haber. C'était l'objectif de ce livre. Il ne faut pas se faire d'illusion, la tâche ne sera pas facile. Nous avons raté les deux rencontres précédentes, il n'y a aucune garantie que cette troisième chance soit couronnée de succès.

L'Occident doit avant tout en finir avec ce qui nous apparaît comme un complexe de supériorité, une arrogance politique et morale. Il doit cesser d'être donneur de leçons. Acceptons la réalité : il n'y a plus d'Empire du Milieu, ni en Asie, ni en Europe, ni même aux Etats-Unis.

La Chine a également de grands progrès à réaliser. Elle doit se débarrasser de sa volonté de revanche, de cette mentalité de victime. Nous avons besoin d'acquérir une confiance en nous permettant de dialoguer avec les autres nations, d'égal à égal.

La muraille invisible entre « nous » et « vous » doit s'estomper… cette dernière « Muraille de Chine ».

L'Harmattan, Italia
Via Degli Artisti 15 ; 10124 Torino

L'Harmattan Hongrie
Könyvesbolt ; Kossuth L. u. 14-16
1053 Budapest

L'Harmattan Burkina Faso
Rue 15.167 Route du Pô Patte d'oie
12 BP 226 Ouagadougou 12
(00226) 76 59 79 86

Espace L'Harmattan Kinshasa
Faculté des Sciences Sociales,
Politiques et Administratives
BP243, KIN XI ; Université de Kinshasa

L'Harmattan Guinée
Almamya Rue KA 028 en face du restaurant le cèdre
OKB agency BP 3470 Conakry
(00224) 60 20 85 08
harmattanguinee@yahoo.fr

L'Harmattan Côte d'Ivoire
M. Etien N'dah Ahmon
Résidence Karl / cité des arts
Abidjan-Cocody 03 BP 1588 Abidjan 03
(00225) 05 77 87 31

L'Harmattan Mauritanie
Espace El Kettab du livre francophone
N° 472 avenue Palais des Congrès
BP 316 Nouakchott
(00222) 63 25 980

L'Harmattan Cameroun
Immeuble Olympia face à la Camair
BP 11486 Yaoundé
(00237) 99 76 61 66
harmattancam@yahoo.fr

L'Harmattan Sénégal
« Villa Rose », rue de Diourbel X G, Point E
BP 45034 Dakar FANN
(00221) 33 825 98 58 / 77 242 25 08
senharmattan@gmail.com

44553 - juin 2012
Achevé d'imprimer par